高职院校学生管理工作的创新探索

朱明敏 ◎ 著

吉林出版集团股份有限公司

图书在版编目（CIP）数据

高职院校学生管理工作的创新探索/朱明敏著.—长春：吉林出版集团股份有限公司，2023.9
　　ISBN 978-7-5731-4337-2

　　Ⅰ.①高… Ⅱ.①朱… Ⅲ.①高等职业教育－学生－学校管理－研究 Ⅳ.①G718.5

中国国家版本馆CIP数据核字（2023）第181943号

高职院校学生管理工作的创新探索
GAOZHI YUANXIAO XUESHENG GUANLI GONGZUO DE CHUANGXIN TANSUO

著　　者	朱明敏
责任编辑	齐　琳
封面设计	林　吉
开　　本	787mm×1092mm　1/16
字　　数	220千
印　　张	14
版　　次	2023年9月第1版
印　　次	2024年1月第1次印刷
出版发行	吉林出版集团股份有限公司
电　　话	总编办：010-63109269
	发行部：010-63109269
印　　刷	廊坊市广阳区九洲印刷厂

ISBN 978-7-5731-4337-2　　　　　　　　　　　　定价：78.00元

版权所有　侵权必究

前　言

教育，是一座桥梁，将知识与智慧传递给新一代；管理，是一种艺术，将秩序与发展融合于组织之中。当这两者交汇于高职院校学生管理时，便创造了一片充满机遇与挑战的广阔领域。本书致力于探讨和研究这一关乎教育未来的重要议题。

高职院校作为培养技能人才的摇篮，其学生管理至关重要。学生的成长不仅仅是知识的积累，更包括品德、素养和职业素质的培养。然而，在这个知识爆炸的时代，学生的多元需求和特点不断涌现，学校管理者面临着新的挑战。因此，本书汇集了广泛的理论研究，旨在为高职院校学生管理者提供全面的视角和深入的思考。

本书不仅着眼于实践，更关注理论的深化。我们深知，学生管理是一门既需要经验，又需要理论支撑的艺术。因此，本书将从多个角度，深入剖析学生的需求、行为和心理，探讨适应时代发展的管理策略和方法。我们相信，理论的不断创新将为实践提供强有力的引导，使高职院校学生管理更加成熟和科学。同时，本书也将强调可持续发展和跨界合作。学生管理不仅仅是学校内部的事务，更是一个社会共同关心的议题。

编写本书过程中，我们汲取了众多学者的研究成果，借鉴了实际案例，也吸收了学校管理者的经验。感谢所有为本书付出努力的人，是你们的协作和付出，使本书成为一本有关高职院校学生管理的重要参考书。

让我们携手前行，共同研究高职院校学生管理的理论，为培养更加优秀的社会人才创造更加良好的成长环境！

朱明敏

2023 年 3 月

目 录

第一章 高职院校学生管理的基本理论 ……………………………………… 1

  第一节 学生管理的内涵…………………………………………………… 1
  第二节 学生管理的指导思想与原则……………………………………… 3
  第三节 学生技能培训工作规范管理的必要性…………………………… 11
  第四节 学生管理的对象和现实任务……………………………………… 18
  第五节 学生管理的特点和作用…………………………………………… 22
  第六节 学生管理的研究方法……………………………………………… 27

第二章 高职院校学生管理的模式 ………………………………………… 29

  第一节 "四位一体"………………………………………………………… 29
  第二节 家长参与…………………………………………………………… 33
  第三节 学分制……………………………………………………………… 38
  第四节 大数据时代………………………………………………………… 43
  第五节 网格管理…………………………………………………………… 49
  第六节 组织行为学………………………………………………………… 55

第三章 高职院校学生信息技能培训 ……………………………………… 59

  第一节 信息技术教育的地位与作用……………………………………… 59
  第二节 学生信息技术素养的内涵………………………………………… 63
  第三节 信息技术教育的组织与实施……………………………………… 67

第四节　信息技术与学科课程的整合 …… 74

　　第五节　信息技术教育课程资源开发 …… 86

第四章　学生管理机构与队伍建设 …… 94

　　第一节　高职院校学生管理机构的设置 …… 94

　　第二节　高职院校学生管理工作队伍的建设 …… 102

　　第三节　高职院校学生管理工作者的素质研究 …… 113

第五章　高职院校学生管理的内容与方法 …… 121

　　第一节　高职院校学生干部管理 …… 121

　　第二节　高职院校学生组织管理 …… 132

　　第三节　高职院校班级及班主任管理 …… 137

　　第四节　高职院校校园文化建设与管理 …… 153

　　第五节　高职院校学生的自我管理及民主管理 …… 168

　　第六节　大学生的生活秩序与宿舍管理 …… 177

第六章　互联网时代下高职院校学生管理 …… 184

　　第一节　互联网时代下高职院校学生事务管理 …… 184

　　第二节　互联网时代下高职院校学生日常管理 …… 190

　　第三节　互联网时代下学生体育社团管理 …… 195

　　第四节　互联网时代下学生就业教育与管理 …… 202

　　第五节　互联网时代下高职院校学生宿舍管理 …… 208

　　第六节　互联网时代下学生党员的教育管理 …… 213

参考文献 …… 217

第一章 高职院校学生管理的基本理论

第一节 学生管理的内涵

一、内涵

学生管理是学校领导和管理人员，为了实现学生的培养目标，按照国家的教育方针和各项政策法令，科学地、有计划地组织、指挥、协调学校内部的各种因素——人、财、物、时间、信息等，并对其进行预测、计划、实施、反馈、监督等的一门管理科学。学生管理作为学校管理的重要组成部分，具有十分广泛而深刻的内涵。首先，它要研究管理对象（学生）的生理、心理特征，知识、能力结构，兴趣爱好及社会氛围对他们的影响，掌握他们的思想变化及教育管理的规律。其次，它要研究管理者本身（学生工作专职人员）必备的思想、文化、理论及业务素质，以及这些素质的培养和管理队伍的建设。最后，它还要研究学生管理的机制和一般管理的原则、方法，以及学生在学习、生活、课外活动、思想教育中的具体管理目标、原则、政策、法规等。

二、学生管理研究的内容

学生管理是一项教育工作，它具有教育科学所包含的规律，它也是一项具体的管理工作，具有管理科学所包含的规律。学生管理是教育学和管理学交叉结合产生的一门综合性应用学科，它同所有的管理科学一样，研究的主题是效率，当然具体研究的课题是学生管理的效率——最有效地达到学生的培养目标。我们中国学生管理，就是要寻求按照党和国家的教育方针，实现培养德、智、体、美、劳诸方面发展的专门人才的最佳方案，最佳计划、决策，最佳管理体制、组织机构，最佳操作程序。它涉及很多学科：马克思主义哲学、教育学、社会学、心理学、管理学、行政学、统计学、控制论、信息论、系统论等。因此，研究中国学生管理必须广泛运用各种有关的科学理论来分析研究我国学生的管理实践，使我们的管理建立在真正的科学理论之上，这样才能使我们从事学生管理工作的同志用科学的管理指导思想和科学的管理手段进行有效的管理。

三、管理过程中要处理好的关系

第一，学生管理与规章制度的关系。学生管理要经过制定并实施必要的规章制度来实现。教育部根据党和政府的教育方针、学生成长的特点以及长期以来的工作经验，已经制定了《学生管理规定》，这是对学生进行科学管理的一个基本的法规性文件。各学校也结合自己的实际情况，整章建制，制定了一系列规章制度。学生管理的实践反过来又丰富了规章制度的内容，使之更全面化、科学化。

第二，学生管理与思想政治教育的关系。在强调管理工作重要意义的同时，不可忘记思想政治教育的重要保证作用。任何只强调严格管理而忽视思想政治教育，或强调思想政治教育而置照章管理于不顾的做法，都是片面的、不可取的，因为管理也是教育的一种手段，教育又能保证管理的推行和实施，所以只有把严格管理与思想政治教育有机结合起来，才能使学校工作真正走上井然有序的轨道。这已为实践所证明。

第二节 学生管理的指导思想与原则

一、学生管理的理论根据和指导思想

科学的管理对提高管理效率、优化教育质量具有十分重要的意义,科学的管理有赖于符合客观实际的、法制化的、人性化的管理规章制度,而这一切都离不开科学的管理思想。科学的学生管理思想分三个层次:一是作为认识理论的管理思想;二是作为管理应遵循的基本原则;三是在实际操作中所运用的具体方法。

(一)管理思想

所谓管理思想,是指"关于管理的观点、观念或理论体系,是管理理论和实践地结合在人们头脑中的反映"。管理思想对管理工作起指导作用,它随着人类社会及其管理活动的产生、发展而产生和演变。古代朴素的管理思想兴盛于中国、古巴比伦和印度等。公元前2000多年,古巴比伦《汉谟拉比法典》颁布的282条法律,体现了远古法规管理思想。中国在公元前1100多年,出现经权管理思想。后有历代的"人治""法治"及"知人善任"等管理思想。19世纪后,随着机器大生产的兴起,欧洲出现古典科学管理思想以及法约尔的管理原则与过程理论等。从20世纪20年代开始,出现了人际关系—行为管理思想。20世纪60年代后,出现了诸多管理学派,管理思想纷繁,被喻为进入了管理理论的"丛林时期"。

学生管理属教育管理的范畴,其管理思想理应与教育管理思想同类,它是一个极为复杂的理论课题。它也必须规定出自己的理论前提,也就是要与某种思想理论联系起来,以确立自己的基本方向。从哲学的层面看,学生管理思想主要包括四个方面的内容:

1. 运用相互联系的管理思想

学生管理是一种复杂的社会现象，从宏观上分析，学校与社会、家庭和时代是联系在一起的，学生当然也不是孤立于社会、与世隔绝的，所以学生管理牵涉到社会、家庭，影响着时代，同时也受时代或者说历史条件的限制。

从微观方面来看，学生管理诸要素之间也是相互联系、相互制约的，如管理与学习之间的关系、管理与教育之间的关系、管理与服务之间的关系、管理过程与管理结果之间的关系等，都是相互影响、相互制约的。

2. 运用动态平衡的管理思想

管理是一个过程，这一过程是在不断发展变化的，既受大的政治、经济和文化变化的影响，又受学校本身物力、财力及办学思路变化的影响。一切都在变化中，管理工作也处在不断地完善与发展之中。同时，作为管理对象的学生和研究生的人格、思想、行为也在学生管理过程中得到逐步发展与完善，所以把动态平衡的管理思想运用于管理工作中，就必须要有发展的观点，要有与时俱进的勇气，立足于现实，着眼于未来，不断地分析和研究新的情况、解决新的问题。

3. 运用对立统一的管理思想

在学校的学生管理活动中，客观存在着各种矛盾关系，需要运用对立统一的管理思想对这些问题和矛盾进行分析研究并最终予以解决。例如，管理者与管理对象之间的矛盾，教育、服务与管理之间的矛盾等。

4. 运用实践探索的管理思想

实践是检验真理的唯一标准，同时，实践又是正确认识的主要来源。学生管理是一门实践性很强的科学，有很强的操作性要求。因此，我们在开展学生管理工作的时候，一定要有实践意识，要有探索创新的勇气，并将实践过程中形成的好的经验提升到理论的高度，从而在整体上指导学生管理工作的新实践，如此反复，以至无穷，以推动我们的学生管理工作不断提升水平。

（二）指导思想

研究我国学生管理，主要应注意运用以下几方面的理论观点和指导思想：

第一，坚持马克思主义关于人的全面发展的理论，培养有理想、有道德、有文化、有纪律的全面发展的高级专门人才，是我国社会主义大学的根本任务。做好研究工作首先要解决"为谁培养人"和"培养什么人"的问题。我国社会主义大学的性质决定了我们必须确保学校培养出来的毕业生，不仅要有扎实的科学文化知识和健康的体魄，而且必须具有高度的社会主义觉悟，也就是要有理想、有道德、有文化、有纪律。要培养这样的新人，就必须按照马克思主义人的全面发展的教育思想办教育。马克思主义教育思想的核心就是关于人的全面发展的学说。培养德、智、体、美、劳全面发展的建设者接班人的教育方针，是马克思主义这一理论精髓的具体运用。这些理论都是对马克思主义关于人的全面发展学说的继承、丰富和发展，是党和国家教育方针的具体化。我们要把培养全面发展"四有"人才作为我们的根本任务和落脚点。

第二，运用马克思主义关于辩证唯物主义的理论，用对立统一观点指导学生管理，在管理中坚持整体观。马克思主义辩证唯物主义哲学是一切社会科学和自然科学的理论基础。马克思主义的认识论和方法论，渗透于所有社会科学和自然科学之中，所以，也同样渗透于学生管理科学之中。要运用对立统一观点，坚持管理的整体观。在纵向上，坚持整体观就是局部与整体的统一，从学生管理工作的整体系统看，组成这个有机整体的各部分又都是一支系统，是局部。学生管理系统的整体功能是由各部分的组合形式决定的，虽然支系统都各具有特定的功能，但它们都应服从学生管理系统整体的目的和功能，各个支系统的要素都是为了整体目的而建立的。在横向上，坚持整体观就是处理好各支系统之间的分工与合作的一致性，把各部门都协调到为培养全面发展的人才这一共同的管理目标上来。

第三，运用教育和现代管理科学理论指导学生管理，使学生管理科学化。现代治校观念要求我们靠现代科学来管理学校、管理学生。具体说来，一要靠教育科学，要遵循教育的外部规律与内部规律办事。学校要准确把握社会脉搏，直接面向市场办学。学生管理也要研究新情况，解决新问题，面向21世纪培养高素质的复合型人才。二要靠运用现代管理科学的理论与方法进行管理，使学生管理队伍的组织机构严密，管理制度科学，人员分工合理，职责范围明确，奖惩分明，动作协调，工作高效等。运用现代管理科学指导学生管理主要是运用它的基本原理：系统整体性原理、要素有用性原理、动态相关性原理、人的能动性原理、规律效应性原理、时空变化性原理、信息传递性原理、控制反馈性原理等。我们应在管理实践中力争做到系统化、管理决策科学化、管理方法规范化和管理手段现代化。

第四，继承和发扬我国七十多年来学生管理的成功经验。中华人民共和国成立后七十多年来学生管理工作的成功经验是当今学生管理工作的宝贵财富。首先，社会主义大学必须坚持中国共产党的领导，坚持社会主义方向，这是我国七十多年来办大学的一条基本经验。坚持党的领导就是用党的路线、方针、政策作为社会主义大学管理的基本指导思想，就是要确保社会主义大学的社会主义方向，调动全校师生员工的积极性，为培养德、智、体、美、劳全面发展的高级专门人才努力奋斗。坚持社会主义方向，是由我国社会主义性质所决定的，一切管理工作都要根据党的路线、方针、政策去组织、实施。各项规章制度的制定都要有利于坚持"一个中心、两个基本点"，有利于调动广大师生员工的社会主义积极性，这是衡量管理功能与效益的基本点。其次，管理工作规范化、制度化，即把符合社会主义方向的，又经过实践检验比较成熟的民主管理和科学管理体制、程序、办法用制度形式固定下来，使工作形成规范，其中心点是责、权、利相结合，使制度的思想性和科学性统一。最后，坚持理论联系实际的原则，面向社会实践，实行教育与生产劳动相结合。

社会主义学校培养的人才，必须适应社会主义市场经济的需要，在思想上有高度的社会主义觉悟和共产主义献身精神，在业务上不仅要有理论知识，而且要有较强的分析问题和解决问题的能力，要有实干精神和较强的独立工作能力。

二、学生管理的原则和基本方法

原则是对客观规律的反映，是观察问题和处理问题的准绳。社会主义学校管理学的原则是学生管理的内在关系的规律性的反映，不是任何人随心所欲创造的。在学生管理工作中，管理原则处于承上启下的关键地位，是管理目标和实现管理目标手段之间的中介，它是学生管理工作中管人处事所依循的法则，是采取有效手段进行管理活动的基本要求。管理原则和管理目标、管理过程、管理方法、管理制度、管理者之间都有密不可分的关系并处于指导地位。

（一）学生管理的基本原则

社会主义学生管理基本原则是根据学生管理工作的目的、任务和培养学生成为社会主义合格人才的客观规律制定的，它制约和指导着其他个别和特殊原则。

1. 学生管理工作方向性原则

管理是一种有目的的活动，管理工作必然具有方向性。以坚持社会主义方向为准绳，这是我国学生管理工作的一个本质特点。我国是社会主义国家，自然要使学校成为社会主义性质的育人场所。社会的性质制约着学校的性质，进而决定学校一切管理工作的性质，因此我们的学生管理工作，作为一种有目的、有意识的自觉活动，必须坚持党的领导，坚持社会主义方向，坚持邓小平理论和习近平新时代中国特色社会主义思想为社会主义现代化建设培养造就大批合格人才，这是学生管理工作必须遵循的一条最基本、最重要的原则。

2. 理论与实践相结合的原则

理论与实践相结合，坚持实践是检验真理的标准，这是马克思主义的基本原理，也是学生管理的基本原则。准确领会和掌握马克思主义相关科学及各种管理原理，从而把握它们的精神实质，这是搞好学生管理工作的前提。但是，管理原理的应用价值和范围，是受不同学校、不同管理对象和管理者水平等因素制约的。党和国家在社会主义现代化建设阶段有着基本的教育方针和政策，在各个不同发展时期，针对不同特点，又提出一系列具体的方针、政策和要求。这些方针、政策和要求，应当体现在各学生管理的具体措施、方法之中。但是科学的学生管理必须从学生的具体情况出发，从学生的素质、兴趣、爱好和生理、心理特点等出发，制定出相应的方法和措施。

3. 行政管理与思想教育相结合的原则

培养学生的共产主义思想品德，既需要耐心细致的说服教育，也需要坚持不懈的行为训练，使学校的教育要求变为学生的行为习惯，否则，教育的效果就不会巩固。学生良好行为习惯的训练和培养，离不开科学的管理，没有合理的规章制度、行为规范，思想政治教育就会空乏无力。行政管理在培养社会主义合格人才的过程中具有不容忽视的作用，它为教育工作提供规范、准则和纪律保证，但是具体的学生管理是通过规章制度、行为纪律对学生的思想行为进行科学的指导和制约。这些制度、措施、纪律表现为社会与学校的集体意志对学生的要求，表现为对学生行为的外在限制，因此，想单纯地运用管理制度去解决学生复杂的精神世界问题，是违背教育规律和不切实际的。社会主义学校对学生进行管理措施的制定与实施，必须以提高学生的认识能力，培养学生自觉遵守规章制度的自觉性为前提。自觉地遵守纪律源于正确的认识，离不开正确的教育，我们只能通过科学而有效的思想教育，帮助学生提高执行纪律的自觉性，才能真正实现管理的效能。

4. 民主管理原则

社会主义学生管理工作的一个重要方面，就是要培养学生自我控制、自我管理的能力，激励学生在管理中的主动意识和主人翁态度，充分调动学生自我管理的内在积极性。因此，社会主义学校学生管理工作中坚持民主管理的原则是符合整体管理目标的。

从高职院校学生的心理特征看，他们处于心理自我发现期，这一时期他们产生了认识和支配自我、支配环境的强烈意识，他们希望自己的意志和人格受到外界更多的尊重。他们会思考学校制定的规章制度、行为纪律的合理性，不希望被动地处于服从和遵守的地位，而是要求参与管理。根据社会主义学校的学生培养目标和学生的心理特点，我们在管理工作中应充分发扬民主，把学生看成既是管理对象同时又是管理主体。在实行民主管理时，我们应注意发挥党团员学生的作用，重视学生干部的选拔与培养，这是调动学生的积极因素、实现学生民主管理的重要任务之一。

（二）学生管理的方法

学生管理的方法是根据其管理原则，为实现学生培养目标而在德、智、体及其他方面所采取的具体方式、步骤、途径和手段。一般有以下几种方法：

1. 调查研究

对学生的情况，要经常调查、了解、掌握，及时采取相应的处理措施。调查研究时要对调查对象、目的、方法做认真规划，不能临时应付，草率从事。调查中不带框框，坚持实事求是，不能以上级单位或某人的指示、意见为结论，到下面寻找材料佐证。在调查的基础上还要用马克思主义立场、观点、方法，对调查材料、调查事物进行分析、综合、研究。

2. 建立规章制度

在学生管理中逐步确立一系列科学的管理制度，这是学生管理的必要方法。制度要符合学生身心发展特点，符合教育规律和德、智、体、美、劳培养目标的要求。制度既要随着教育的发展而不断完善，又要有其相对的稳定性。

3. 实施行政权限

按照学生管理的目标、内容制定一系列规章制度、执行措施和学生行为规范，用行政方法进行管理，并通过相应的管理部门及其人员和师生员工实施检查监督，从而使学生集体或个人的活动达到管理的目标要求。行政方法包含褒扬和惩治两方面。对遵守管理制度、行为符合规范的集体和个人，应予以表扬；对违反管理制度、行为不符合规范的集体和个人，要有明确的限制措施，并用严格的制度约束其中的特别恶劣者。

4. 适当运用经济的手段

经济手段是行政方法的补充。在学生管理活动中，对学生给予必要的物质奖励或惩罚，就是经济的手段，采用经济手段并不意味着行政方法不足以保证管理实施，而是因为直接触及学生的物质利益，它起的作用是行政难以替代的。用经济手段进行学生管理时，要注意防止一种倾向。同样不能只重视用经济手段奖励优秀学生，而忽视用同样手段处罚违纪学生，或者只重视处罚而忽视奖励，导致不能发挥经济手段的作用。

第三节 学生技能培训工作规范管理的必要性

随着时代的发展，经济的不断进步，我国高职院校学生不仅需要进行专业理论化课程知识的学习，还需要进行相应知识技能的培训。但由于知识技能的培训工作展开需要一定的规范管理，而许多高职院校对管理工作并未引起足够的重视，所以导致日常管理工作并未起到促进和提升学生技能培训质量的功用。本节将对学生技能培训工作规范管理的必要性进行研究，并针对其中存在的问题进行相关措施的探究，希望学生的就业竞争力获得明显的提升，在未来的工作岗位中能够尽快适应角色的转变，并且使得自身的综合素质得到较大的提升，达到学生各项技能的提升。

对于高职院校的学生而言，想要在日后进入社会工作角色时能够尽快地适应角色身份的转换，具备较为娴熟的职业技能胜任日常工作，那么在学校进行课程学习时，就需要有意识地进行技能技巧的培训。为此，高职院校有关领导应当重视对学生技能技巧的培训工作，加大规范管理的力度，使得高职院校的学生实践技能培训能够变得更加科学合理。

一、培训工作规范化管理的必要性

我国每年都有大量高职院校毕业生需要投入工作岗位，在社会竞争压力不断加剧的情况下，大学生的就业情况变得日益严峻，在社会竞争压力不断加剧，需要增加就业岗位的过程中，大学毕业生也要不断地提升自身的就业竞争力。因此进行技术技能培训，扩充自身的技术实践经历，提升自身的专业技术水平，变成了大学生提升自身就业竞争力的重要手段。在传统的高职院校人才培养模式中，许多学生所学的专业虽然具有较强的技术性，但却由于课程设置局限于理论化阶段，没有给予学生足够的机会进行技术实践而导致学生错失了技能技巧培训的最佳时间段，无法将本身的专业技术作为核心就业竞争力在人才市场中进行呈现。为了让学生所学知识与技能能够与社会接轨，在就业竞争中脱颖而出，尽快地适应岗位需求，顺利完成工作任务，很多高职院校开始改变传统的人才培养模式，逐渐重视学生的实践技能培训工作，这对于高职院校人才培养模式的改革具有十分重要的意义。

它能够全面提升学生的就业竞争力，使得学生所学知识与社会需求相贴合，这也是高职院校未来学生人才培养模式的发展趋向。为了提升学生的职业技能竞争力，很多高职院校开始逐步对学生的职业技能培训提出更高的要求。希望学生在进行专业课理论化知识学习的过程中，也同时考取各类职业资格证书。这种人才培育模式能够使得高职院校学生在人才市场上更具有核心竞争力。就现阶段而言，劳动密集型产业仍然是我国产业结构中不可或缺的重要组成部分。因此具有专业知识技能的学生，更加容易受到有关企业的关注，这也是高职院校职业技能培训工作展开的重大意义所在。

二、技能培训管理现状分析

高职院校的职业技术管理课程要在科学合理的情况下展开，相关高职院校领导需要在正确的观念引导下，通过科学合理的规范管理对学生进行职业技能工作培训。下面将对培训管理现状进行研究与分析。

1. 培训管理混乱

现阶段一些高职院校的职业技能培训管理工作显得较为混乱。由于各个不同专业的职业技能培训要依附理论化课程知识进行，而不同的职业技能培训有不同的要求和培训方式，因此现阶段大多数高职院校的职业技能培训仍然处在被动的状态，没有纳入到正式的高职院校课程管理体系当中去。很多学校的职业技能培训仍然是作为专业理论化知识课程的附属而存在的，因此很多高职院校的职业技能培训管理工作并没有跟上职业技能培训展开与更新的进度。相关学校领导并没有制定出较为科学合理的管理体系,来对职业技能培训进行方向性的引导。这使得高职院校的职业技能培训缺乏前瞻性,无法与社会发展的实际趋向相贴合。因此,学校有关部门的领导应当对这个问题引起足够的重视。

2.各系部难以统一

前面已经说到,由于不同专业有不同的实践要求以及实践方式,故而想要在理论层面对整个高职院校的职业技能培训工作进行管理是较为困难的。就目前而言,一些高职院校的实践技能培训管理工作仍然处于各系部自主组织与进行的状态。这种各系部自主组织与进行的方式,虽然能够使得学生的专业技能获得极大的提升,但却会加大各职业技能培训之间的沟壑与隔阂,使得学生难以统一与管理培训时间。而随着时代的发展,社会越来越需要复合型的人才来帮助进行各行各业的完善与建设。倘若只局限于让学生完成本专业知识的学习以及实践技能的培训,是无法使得学生进行复合型知识的研究,提升自身的综合素质的。因此,对于高职院校而言,维持传统各系部自主进行职业技能培训的管理工作状态不利于学校职业技能培训与社会发展的贴合,因此相关学校领导应当重视该问题,寻求使用合适的措施对有关问题进行研究与解决。

3.培训科目不合理

由于一些高职院校在专业课程培训工作开展中所选取的培训科目并没有经过长时间的斟酌与讨论,因此在科目选取的合理性上以及对学生的影响上仍然存在着需要探讨的空间。就现阶段而言,一些学生在专业知识技能培训的课程中所学习的知识与内容并不适用于未来的工作岗位,这就会导致学生的专业知识技能学习与社会需求相脱节。因此对于学校相关领导而言,合理化的使用各类培训工具,开设相对合理的培训课是专业技能培训工作管理中的重要内容,有关部门领导需要引起足够的重视。

三、相关措施分析

为了使得高职院校的职业技能培训课程能够在科学合理的工作管理中

进行，有关部门领导应当针对现阶段所存在的问题，制定具有可行性的措施来对有关问题进行纠正，使得高职院校的职业技能培训课程更切合时代发展潮流。

1. 进行统一的管理

为了使得高职院校的职业技能培训课程管理工作更加科学合理，有关部门领导应当针对现阶段各系部自主培训的杂乱现状，加强职业技能培训工作的统一管理，建立完善科学的管理体系以及管理制度，相关学生与教师要在遵循有关培训制度的情况下展开职业技能的课程培训。为了使得高职院校的职业技能培训课程贴合时代发展需要，相关高职院校在进行职业技能培训课程的管理工作时，应当尽量消除各专业技能培训之间的隔阂与界限，引导学生根据自身的专业课程学习情况，学习更多的专业技能，提高自身的就业竞争力。为了加强管理的科学与规范，相关高职院校领导还要尝试通过建立统一的教学考评机制，让学生通过定期测验，对自身的技能掌握情况进行深入的了解与分析。教师也可以通过教学考评机制，及时获得学生的教学意见反馈，及时更新自身的教学方式以及教学理念，使得高职院校的职业技能培训课程能够在科学合理的规范体系中获得长足的进步。

2. 进行课程科目设置的规范

由于高职院校的职业技能培训课程仍然处在探索和开发的阶段，因此在课程科目设置与选择的过程中，经常会由于课程本身的不适合与脱离实际，而使得学生在职业技能培训中所学到的技术知识与社会实践相脱节。高职院校想要达到学生能够通过职业技能培训课程的学习，获得职业技能知识水平的提升以及实践经验的积累，使其在未来的工作过程中能够尽快地适应社会工作环境，高效完成各项工作任务，那么就应当针对现阶段的社会实践实际情况进行职业技能培训课程的科目设置与选择。当然，很多高职院校的有关课程开设虽然较为贴合时代的发展境况，学生能够通过相应课程知识的学习，提升自身的就业竞争力，但相关课程的开设并没有立足于学生自身的学习基础。换句话说，相关职业技能课程培训所选择的课程科目虽然较为科学合理，但并不贴合学生的自身学习境况，其课程的深度与难度都与学生本身的经验有较大的差异。在这种情况下，即使学生能够及时参加有关职业技能的课程培训，也无法取得较好的培训效果。因此，有关高职院校领导在进行职业技能培训课程的科目设置时，不单单需要力求相关课程知识与社会发展潮流相贴合，还需要使得相关课程知识与学生自身的学习实际相结合。只有如此，学生在进行有关职业技能培训课程学习时，才能取得更好的学习效果。

3. 丰富培训方式

由于各高职院校在课程设置上往往更偏向于理论化课程知识的教授，实践技能知识方面的培训效果不如有关企业那样具有科学合理的规范化体系，因此相关高职院校在引导学生进行职业技术知识培训时，不妨借助相关企业的科学化培训体系，建立联合培养人才的培育模式。所谓的联合培养模式，指的是高职院校负责理论化课程知识教学，企业负责技术实践培训方面的教学。学校和企业采用双导师制度，引导学生先进行理论化课程知识的学习，当学生学习完毕后，便可以通过企业导师的专业引导进行职业技能实践与训练。相比较传统高职院校开设的职业技能培训课程而言，用联合培养人才的培育模式，能够给学生更加逼真的技术实践环境和与未来工作背景更加贴合的专业技术实践指导。这种培养模式下所培育的专业技术型实践人才，具有更加完善的实践课程培训经历，也更符合未来社会对综合性人才的需求趋向。因此对于各高职院校而言，丰富培训方式，进行科学合理的联合培养人才经营模式构建，对于培养实践性技术人才而言是十分重要的。当然，在学校与企业的联合办学过程中，学校与企业双方的及时沟通与交流，对于整个联合办学模式而言是十分重要的。很多学校与企业由于过分关注各自利益的获取，而忽略了联合办学的真谛，导致学生在联合办学的培养模式中无法获得知识技能学习质量的突破。因此对于高职院校与企业来说，在联合办学模式展开前进行充分的交流与沟通，明确双方的权责是十分有必要的。只有当科学合理的规范化联合培养模式成为固定的培养方案，才能够使学生的学习质量获得最大的保障。

4.使用信息化的管理模式

由于信息技术的快速发展，信息化管理方式逐步应用到各行业领域中，改变了各行业领域的日常工作状态与工作模式。对于高职院校的专业技术培训工作而言，要使相关工作贴合时代发展潮流，学生通过有关培训工作的展开获得更具实践性的专业技能知识学习体验，那么高职院校就务必要利用信息化的管理模式，使得专业技术培训的日常工作管理与培训内容创新完善进度相贴合。通过信息化管理模式的展开，相关管理工作人员及时对学生的学习状态与学习进度进行掌握，也能及时与教师进行信息化交流，让教师通过教学考评审核结果的反馈，对自身的教学理念与教学方式进行及时的改进与创新。这样，高职院校的专业技术培训工作就能变得更加与时代相贴合，也更加与学生的学习实际情况相贴合。而信息技术的不断发展，也使得许多专业技术开始与信息技术相结合，对于高职院校的专业技术培训工作而言，信息化的管理方式能够使得学生对信息化技术的认知不断深化，对学生进行综合性职业技能的学习提供帮助。

四、规范管理的作用分析

对于学生而言，各高职院校进行专业技能培训工作的管理规范是有重要作用的。科学合理的管理工作能够促进高职院校的专业技能培训工作在有条不紊的情况下进行，这对于增强学生的实践体验、提升学生的专业化技术学习质量都是很有帮助的。但在就业形势不断严峻的情况下，高职院校毕业生的竞争压力不断加大，对于用人单位而言，高职院校学生的实践经验以及职业技能技术使用娴熟程度，往往会成为企业用人的最主要考查因素。倘若学生能够在科学合理的规范化管理专业技能培训中获得系统化的职业技能训练，那么学生的专业知识技能就能够得到明显的提升。这样的高职院校毕业生，在竞争压力日益激烈的人才市场中往往能够脱颖而出，变得更加具备就业竞争力。从某种程度上来说，专业技能培训工作的规范管理也能够帮助高职院校提高毕业生就业率。

总而言之，随着竞争压力的不断加大，高职院校学生不仅仅要进行理论化课程知识的学习，还需要进行与专业课程相关的实践职业技能的训练。为了使实践职业技能训练的效果达到最大化，各高职院校领导一定要对专业技能训练的日常展开进行合理化的规范管理，只有如此，学生才能够在稳定的教学环境中进行专业技能知识的训练，让学生的就业竞争力获得明显的提升，在未来的工作岗位中能够尽快适应角色的转变，并且使自身的综合素质得到较大的提升。

第四节　学生管理的对象和现实任务

一、学生管理的对象

所谓管理对象，是指"管理活动的承受者"。随着人类认识的深化和管理的科学化、复杂化，不同时期、不同学派对管理持有不同的见解：一是指管理活动所作用的各种具体对象。最初是人、财、物三要素，后增加时间、空间，成为五要素，又增加了信息、事件，成为七要素，等等。二是指管理活动所作用的特定系统，即把管理对象作为由多种因素组成的有机整体。系统与外界环境有信息、能量、物质交流。学生管理作为学校管理工作的重要组成部分，其相对应的工作对象无疑是指学生，从广义角度来看，这些学生应包括所有在各个阶段求学的学生，因为这些人都是学生管理活动的承受者。学生管理牵涉到诸多知识体系，包括管理学、教育学、心理学、政治学、人才学等，因此，学生管理是一门综合性、政策性很强的应用科学。它具有自己独特的研究对象，这个对象就是学生管理活动本质的、内在的联系及其发展变化的规律。对于社会主义中国来说，学生管理科学是以马克思主义、毛泽东思想、邓小平理论和习近平新时代中国特色社会主义思想为指导，以党的路线、方针和政策为依据，建立在教育科学、管理科学、生理心理学等基本理论和丰富的学生管理工作经验的基础之上，研究学生管理的对象、任务、原则、内容、方法和规律的一门科学。

学生管理作为学校管理的一个重要方面，同其他管理工作一样，都是以教育领域某一方面的特殊现象和规律为研究对象的，它必然要受到教育领域总规律的支配与制约。因此，它又不同于管理工作的其他分类工作，具有相对的独立性。我们只有既认识到学生管理工作与其他管理工作的密切联系，又认识到它与其他管理工作的不同特点，才能真正揭示学校管理现象本身所具有的特殊规律，使之成为一门具有特性并富有成效的管理工作。

作为一门管理工作，一般而言，总要有相应的学科知识成为其所依循的工作方针，而一门学科的成立必须具备一个必不可少的条件，即它必须具有一套系统的范畴体系。范畴体系既体现了研究的角度，也展示了研究的内容，同时又表明了其相互间的关系。因此，准确而恰当地表述学生管理学的研究内容，最好的办法是确立这门科学的框架和范畴体系。学生管理工作要研究的内容应涵盖以下几方面：

（1）学科理论的研究。包括学生管理科学的性质、理论基础、研究对象和领域、主要研究任务、学科的地位和作用，学生管理的指导思想和原则，如何对历史的经验进行抽象和概括以纳入理论体系之中，如何移植、融合相关学科的理论，不断丰富、完善和发展学生管理科学等。

（2）方法论的研究。研究学生管理科学的方法论，一方面要研究根本的思想方法；另一方面还要研究具体的管理方法，如思想政治教育管理、学生社区管理、教学与学籍管理、实践管理、社团管理、校园文化管理（含网络管理）、奖惩制度管理、社会心理健康与咨询管理、就业管理、学生党员管理与党建管理、学生干部队伍的管理、学生群体性突发事件的应急管理等方面的管理方法与手段。

（3）组织学的研究。学生管理是一项系统工程。对学生管理的组织领导体制、学生管理队伍的建设、学生管理的现代化趋势等，都必须做更为深入、全面的探讨。

（4）学生成长规律、心理生理特点与管理工作的有机联系研究，青少年群体之间相互作用关系与学生管理工作的互动共生研究。

二、学生管理的基本任务

学生管理工作的基本任务，不仅包括研究学生管理学的相关体系，即研究学生管理工作与活动的知识系统理论，而且更重要的是这种研究必须着眼于寻求学生管理工作本身所组涵的特殊矛盾，领悟和把握学生管理工作的运行规律，以更好地运用于学生管理工作的实践之中，有力地推动学生管理工作。概括起来，学生管理工作的主要任务是：

第一，坚持马克思主义关于人的全面发展理论和党的教育方针，贯彻党的基本路线，以马克思主义、毛泽东思想、邓小平理论和习近平新时代中国特色社会主义思想为指导，以马克思主义哲学原理为方法论，遵循党的教育方针和学校的培养目标，为培养全面发展的高素质人才服务。

第二，系统总结我国学生管理工作的经验和教训。学生管理是一种既古老又年轻的社会工作，它伴随学校的产生而产生，有着悠久的历史传统和崭新的时代内容。中国共产党早在初创时期就在学校开展学生工作，有九十多年学生管理工作的历史，积累了丰富的经验。中华人民共和国成立以后，我国学生管理工作也有着许多值得认真研究的理论知识与实践特色，从改革开放到全面建设小康社会，每一个时期都有不同的学生管理工作理论基点和实践探索，这些都是值得我们从事学生管理工作的同志认真学习、探讨、分析和思索的。

第三，批判地继承历史上学生管理工作遗产，借鉴国外学生管理工作的经验，吸纳教育学、社会学、政治学、心理学、系统管理学、文化学等相关学科的知识理论，构建具有中国特色、符合时代精神的学生管理模式。中国是一个历史悠久的文明古国，几千年来，我们的祖先在学生教育和管理中积累了丰富的经验，这是宝贵的历史文化遗产，应当批判地继承，做到古为今用。同时，我们还应大胆借鉴国外学校的学生管理经验，去伪存真、融会提炼、博采众长，做到洋为中用。这样才能构建起具有中国特色的学生管理理论体系，并以此指导实践，形成高效的、有益于学生身心健康成长和成才的学生管理模式。

第四，加强科学研究，注重实践探索，不断发展学生管理工作的理论体系，推动学生管理工作模式健康运行。尽管学生管理工作有着丰富宝贵的实践经验和悠久的历史传统，但就总体情况而言，它与不断发展的中国特色社会主义的形势和发展趋势还存在着某些不适应,还面临着许多亟待解决的问题,无论是从理论要求上,还是从实践需求上,都需要科学化、理论化、法制化、人性化等诸方面的规范。因此,作为学生管理工作者,必须加强学生管理工作的科学研究,大胆探索,不断创新,切实把握学生管理面临的新问题、新内容和新特点,努力用新方法、新思路和新手段去适应学生管理的新规律和新形势,使学生管理的理论与方式与时俱进,不断丰富和完善。

第五节　学生管理的特点和作用

学生管理是学校管理的一个重要分支，是学生管理理论与实践的高度综合与概括。半个多世纪以来，我国学生管理的实践证明，对学生的成功管理，必须以马克思主义理论为指导，必须与时俱进，必须从我国的实际情况出发，同时又要遵循学校管理的基本规律，把握住学校的特点。只有这样，才能使学生管理产生积极的效益，确保学生成才。

一、学生管理的特点

（一）政治性

管理是一种有目标的活动，管理工作必然具有某种方向性。这种方向性在特定的时期体现为政治性。当前，学生管理必须紧紧围绕为中国特色社会主义培养合格人才这一中心目标服务，这是我国目前学生管理工作的一个本质特点。学生管理工作作为一种手段，是为教育方针服务的，而教育方针是一定时代政治、经济和文化等现实在教育领域的反映。众所周知，中外教育史上都有重视德育的传统，但不同时代、不同社会，其德育中德的内涵是大不相同的。例如，欧美等西方国家与中国都在教育中强调了人本思想，但由于政治、文化的不同，欧美学校教育中的"人本"是个人本位的人本思想在教育中的反映，中国教育中的"以人为本"则是一种以广大人民群众利益为本的集体本位的人本思想，或者说是"民本"，因此其本质意义是大相径庭的。欧美等西方社会强调的个人本位"人文"教育，其目的是为他们的社会培养接班人；中国作为社会主义国家强调的集体本位思想政治教育，是为中国特色社会主义事业培养建设者和接班人。这就是教育方针的政治性。学生管理无疑是要为教育方针服务的，当然也就不可能不在其工作中体现出政治性。学生管理工作的政治性,决定了学生管理工作者必须具备应有的政治素质,不断提高自身的政治敏锐性,时刻关注政治局势,把握大局,保持与党中央的高度一致。

(二)针对性

学生管理既然是管理,就不可能离开管理学科的特点,它不可避免地要吸收国内外相关管理科学方面的理论知识体系和工作经验。但学生管理不同于一般的管理,它有着自己的特殊性。这些特殊性至少表现在以下四方面:第一,管理的对象是学生(社会角色而言),他们本身就是一个特殊的社会群体,是一群掌握着一定基础知识和专业知识的潜在人才群体;第二,管理的对象是青少年(生理心理角色而言),他们处于血气方刚、激情澎湃、感情冲动、充满朝气的人生阶段;第三,这种青少年群体与军事编制中的军人青少年群体是不同的,他们的首要任务是学习,而非战斗;第四,管理的对象是正在接受知识教育和思想道德教育的青少年群体,他们是一个处于想独立而在经济上又不能独立的半独立状态的青少年群体。上述四方面的特点决定了学生管理的针对性,决定了学生管理必须涉及生理学、心理学、教育学、人才学和管理学等诸方面的知识体系。

从青少年学(含生理学、心理学)的角度而言,我们应当看到,学生管理面对的是一群有血有肉、生龙活虎和朝气蓬勃的年轻人,他们的世界观、人生观、价值观尚未完全定型,他们对异性的关注、与异性的交往、对爱情的渴望、对性道德的理解和对人生的理解等,都有着我们这个时代的烙印,受到所处时代环境的影响,与20世纪五六十年代生长起来的那代人是有着明显区别的。要管理好他们,就必须研究了解他们;要研究了解他们,就必须把握时代特征;要把握时代特征,就必须弄清楚这个时代的政治、经济、文化及科学技术发展的大方向。

从教育学的角度而言,学生管理必须有利于学生的成长,必须符合教育规律。换言之,就是学生管理必须按教育学、人才学所揭示的规律来进行。比如,学生德育、智育、体育之间的关系如何在学生管理中有机融合的问题；知识的获得与能力的培养如何有机协调的问题；尊重学生个性与学校统一管理如何获得有效一致的问题；课堂教学与社会实践如何结合的问题等，都是需要认真研究探索的。

从管理学的角度而言，科学的管理从本质上讲是法制化、人性化的管理。管理的有效实施离不开规章制度的建设，而法律与规章制度的制定往往是以一定的理念为指导的。在法学中，指导法律制定的是法理（法律理论）；在政策学中，指导规章与政策制定的是政治理论和与政治理论相关的哲学理论。由于法律与规章及政策两者所针对的都是人，所以，两者都离不开对人的理性化认识。也就是说，如果一种规章制度是与受它管束的人的本性相悖的，是非人性化的，那么，这个规章制度必然得不到良好的执行，即使执行了，也会带来许多负面影响。对于学校来说，这种负面影响必定是不利于学生成长和人才培养的。

（三）科学性

对于学生而言，建立一套集德、智、体、美、劳及日常生活管理于一体的系统管理制度，其实质是一种约束和规范，即把学生的思想、情感、行为和意志等引导到国家所倡导的培养目标上去。这一活动目标的实现，要求制度具有科学性。而学生管理制度的科学性至少包括以下几方面的内涵：

1. 符合法律法规。即要求我们的学生管理制度符合国家的法律法规精神的要求。

2. 符合学校的实际。学校的实际包括学校的层次类型以及学校所在地的地域人文风情。

3. 符合学生的生理心理特点。这就要求学校的学生管理制度制定者必须了解学生，既了解学生的实际情况，又清楚我们的培养目标与要求。

具有可操作性。作为管理制度，尽管有理论指导，又与理论有所不同，其最大的特点就是它必须具有可操作性才能真正达到管理的目的。没有可操作性的所谓制度，再好也只能是理论上正确而不能执行的制度。如果不顾实际情况，不根据发展了的政治、经济形势和法律规章而坚持推行在原来的形势下制定的相关规定，其结果必然是"无法操作"的无效制度，导致的最终结果是不利于学校的发展、学生的成才，更不利于党的教育方针的有效实施。

二、学生管理的作用

实现全面小康，需要千百万建设社会主义事业的专门人才，而学校在现代社会中是人才的"加工厂"，担负着培养人才的重大责任。学生管理工作是学校教育管理工作的重要一环，其责任总体上与学校的根本任务是一致的。这种责任决定了学生管理工作的重要作用。它主要反映在以下几方面：

（一）育人作用

学生管理是学校管理的重要方面，学校是人才培养的基地，学校管理是为培养人才服务的，学生管理更是直接针对学生的，但这种管理却与一般意义上的管理不一样，它不是单纯的管理，而是带有教育性质的服务，即不仅要通过管理促进学校的有效运行，而且要通过管理达到教育目的，使学生成为学校的合格"产品"。也就是说，学校的学生管理是一种"管理育人"的管理，这种管理要与学校的教学、思想政治工作和心理健康教育等一系列工作有机结合起来，产生一种管理育人的效果，促使党的教育方针在学校真正得到落实。

（二）稳定作用

学生是一个特殊的社会群体，他们具有朝气蓬勃、充满激情、追求真理、关心时事的特质；同时也有着容易冲动、互动性强、易走极端、时有盲从、阅历较浅、情绪不如成年人稳定等不足之处。与其他同龄人相比，他们掌握着更多的知识，但较之真正的知识分子，他们的知识又存在结构上的缺陷和知识量上的不足。这样一个大的群体居住在一起，各种矛盾冲突在所难免，处理不当，极易发生群体性事件。在全面建设社会主义现代化国家的过程中，各种政治、经济、社会和文化等方面的矛盾必将反映到学生中来，如果管理不到位，缺乏敏锐的政治意识，学校的群体事件就可能演变为政治性群体事件，从而给社会的稳定带来威胁。因此，依法管理，通过制定并实施符合学校实际的规章制度，引导学生端正学习态度，明确学习目的，掌握正确的学习方法，养成良好的生活习惯，通过各种渠道和措施，为学生建构良好的心理品质，形成稳定的情绪，从而保持学校的稳定，是学生管理的又一重要作用。

（三）增强学生能力的作用

学校是培养人才的场所，因此，学校的学生管理应有培养学生的功能，应发挥增强学生能力的积极作用。例如，社会实践的管理，可以增强学生的社会实践和社会活动的能力；实验室的管理，可以增强学生的动手能力；心理咨询可以提高学生自我认识、自我调节的能力；学生的党团活动可以提高学生对党团的认识水平，等等。

第六节 学生管理的研究方法

学生管理的研究方法，要以马克思主义、毛泽东思想、邓小平理论、"三个代表"重要思想、科学发展观和习近平新时代中国特色社会主义思想为理论指导，并结合办学育人的实践。在具体实践中，可从以下几方面研究学生管理：

一、联系的方法

既要注意学校内部的管理问题，又要注意学校外部的管理问题；既要研究宏观管理的现象，又要探寻微观管理的规律。

二、调查研究的方法

重在收集原始数据，汇集感性经验，通过定量与定性的科学分析研究，提高理论认识，使学生管理研究的成果具有实际的数据支撑和理论支持，主要有网络调查、抽样调查、问卷调查和随机谈话调查等方法。

三、比较研究的方法

主要通过系统研究古今中外学生管理的历史沿革、实践经验和理论见解，进行纵向和横向的比较，发现政治、经济、文化及时代精神对学生管理的影响，从中发现其规律的东西，并提升为理论，用于指导学生管理，古为今用、洋为中用、与时俱进、推陈出新，以实现学生管理制度的创新。

四、实践的方法

要有大胆试验、"摸着石头过河"的勇气；在"实践、认识、再实践、再认识"的循环往复中逐渐掌握学生管理的规律，实现从必然王国向自由王国的转化。

五、个案研究的方法

所谓个案研究方法，就是通过对某一被试验的管理工作进行纵向的、长时间的连续观察和实验，从而研究其管理行为产生的结果以及发展变化的全过程，总结某些具有规律性特点的方法，又称"解剖麻雀法"。

六、对立统一的方法

此方法应注意管理与教育、管理与放松、管理者与被管理者之间的复杂关系。学生管理的研究方法不限于此，上述管理方法仅仅是其中几种重要的研究方法。当然，每一种研究方法都有其优势与不足之处。在研究学生管理工作时，应根据时代精神、管理对象变化状况、办学思路的变化、具体地区与当时形势的差别，对不同的研究方法，进行选择，有时可侧重其中几方面的方法，有时可同时采用更多的研究方法。不必拘泥于形式。

第二章 高职院校学生管理的模式

第一节 "四位一体"

"四位一体"学生管理模式是领导干部、班主任、专业课教师以及学生自我管理相结合的高职院校学生管理模式,它最大程度上克服了目前高职院校领导干部、班主任、教师与学生各自为政的弊端,充分调动各部分人员的积极性,有利于构建和谐校园。该文简述该管理模式的优点以及实施过程中需要注意的事项。

一直以来,学生管理是高等院校管理的首要工作,因为其好坏直接影响着学校其他工作能否顺利开展。因此,每一所学校都对此倾注了大量的人力、物力、财力。只有搞好学生管理工作,才能有助于建设和谐校园,提高教学质量,培养优秀的专业人才。

目前,高等院校普遍存在领导干部、班主任、专业课教师(以下简称教师)、学生四支队伍分离的问题,尤其是领导干部往往与学生之间没有任何的联系。领导干部只负责各自所管任务,教师只负责课堂教学,班主任只负责学生管理,学生是被教育者与被管理者。四者之间没有很好地相互配合与沟通,导致领导干部、班主任、教师与学生各自为政。鉴于此,积极探索高职院校学生管理模式,使领导、班主任、教师与学生相互促进,形成合力,是提高高职院校教学质量、促进高等教育内涵式发展的重要举措。

一、"四位一体"管理模式

"四位一体"是指领导干部、专职班主任、教师与班委共同参与学生的管理。

领导干部是一个特殊群体，既是高职院校的管理者，又是学生集体的领导者、组织者和管理者。四位一体模式下，起到兼职班主任的作用，主要负责学生综合素质与综合能力的培养。

专职班主任是高职院校学生的直接管理者，是高等学校教师队伍的重要组成部分，是高等学校从事教育工作、开展大学生思想政治教育的骨干力量，是大学生健康成长的指导者和引路人。可见，大学班主任对大学生的成长起着非常重要的作用。在平时工作中，主要负责学生的日常工作，如学习、自习、考试、纪律、安全等在内的学习生活问题，以及学生的情感、意志、人格塑造、人生观、价值观等思想方面的问题。

教师是专业知识的传授者，同时肩负着教书与育人双重任务，在"四位一体"模式下，除了完成课堂教学、课后答疑外，还要保持与学生的联系，关注和掌握学生的思想动态，并对学生个体或班级给予学业、就业以及养成良好品德和行为习惯的指导，同时及时与学生班主任沟通，对学生工作提出建议，而在医学院校部分教师还可以担任医学见习任务，或者是"导师制"方式针对部分学生开展特定的培养方案，以促进优秀学生成才。

学生自我管理主要是由各班级学生选择班干部，组成班委会，一般情况下，班委会成员思想品德好，政治素质高，积极进步，热心为广大同学服务，有较强的组织能力和管理能力，学习成绩优秀，综合能力强，在同学中有较强的影响力和说服力。他们在班级的日常管理、学习活动、文体活动、基础文明建设等事务性工作中发挥着重要的作用。

二、"四位一体"管理模式建立的可行性

学生管理工作单靠专职班主任管理很难满足学生的需求，况且随着

社会的不断发展，学生的思想也越来越趋向早熟、复杂化，但这种成熟和复杂化一般是"夹生饭"。专职班主任面对一百多名学生，其存在的问题很难及时有效解决，尤其是深层次的问题更触及不到，久而久之，学生不再依赖班主任，能自己解决就自行解决，不能解决又无处宣泄的就等于在心中埋下一颗"定时炸弹"，一旦有诱发因素就会导致恶性事件发生，如校园暴力事件、学生自杀事件等。面对班主任数量不足、工作量大、学生工作落实不到位的现实，我们必须发挥领导干部、专职教师和学生主体的作用，即在学生工作管理队伍中补充领导干部、专职教师、班委，一方面弥补班主任工作不足，另一方面由于领导干部、班主任、教师及学生班委在学生管理中分别扮演不同角色，会对学生的健康成长发挥重要的作用。

三、四位一体管理模式的优越性

（一）密切了领导师生之间的联系

"四位一体"模式下，领导干部可以及时地了解学生的学习情况、生活情况、思想动态，积极改进工作，更好地服务于学生；班主任则上与领导直接沟通，下与学生联系，成为领导与学生之间沟通的桥梁；教师则与学生之间的联系加强，除了课堂学习，还有课下、课外的联系，可以教学相长，及时纠正和弥补教学中的不足，而学生则可以及时解决学习中遇到的问题。

（二）使各方面的工作顺利展开

人们普遍有一种"敬官、畏官"的心理，有些政策由领导来传达可以更好地起到威慑的作用，可以更好地传达学校的政令。就笔者所在的学校而言，班主任都是专职的，并且都是刚刚毕业的大学生，年龄和学生差不多，工作经验欠缺，这就导致其在学生面前没有威信，在传达会议精神、布置工作任务时没有一定的效力，导致工作很难开展。这时候如果有领导干部加入班级团体，协助班主任进行管理，由于领导干部本身的工作经历，职位级别，在处理一些重要事情时会更加有利。

（三）加强相互监督

领导干部在完成兼职班主任工作的同时，对专职班主任的工作起到了监督促进作用；班主任随堂听课则对教师的课堂教学起到了监督的作用，一定程度上避免了教师课堂教学的随意性。而学生则成为领导干部、班主任、教师工作的见证者，可以通过学生"评师、评教"来考察各方面工作的成效。

四、实施中需要注意的问题

明确责任，合理分工。在四位一体模式中首先应当明确各部分人员的责任，防止互相推诿、扯皮，也要防止越位管理，家长作风，包办代理。各类人员尽可能地完成所负责的责任，遇到疑难重大问题，可以共同讨论协商。研究制定适合本学校的《专职辅导员工作条例》《兼职班主任工作条例》和《专职教师学生辅导工作条例》，把各自工作职责细化，变成可操作的规则。

树立典型，以点带面。首先做好试点，在某一专业、某一班级，做好示范，总结实施过程中遇到的问题，及时总结经验与教训，等经验成熟以后，逐渐向全系、全校扩展。

做好保障，服务师生。四位一体管理模式需要充分调动各方面的积极性，因此，学校要全方位做好后勤保障工作，及至经济方面的补偿，比如，针对晚上辅导的老师给予交通补贴等。

构建"四位一体"的学生管理模式，其目标是整合教育教学资源，形成管理合力，加大班级管理功能，关键是组建班级管理教师团队。高等教育发展到今天，高职院校的管理模式、管理体制百花齐放，从实际出发，各具特色，各有所长，真正做到了理论联系实际。"四位一体"高职院校管理模式只是一朵小浪花。真正实行时，还会遇到很多实际问题和困难。然而，创新没有固定的模式可以遵循，只要是有利于学校、老师和学生发展的体制，就是创新，就值得我们一试。希望本节能抛砖引玉，引起同仁的思考。

第二节 家长参与

　　如何处理高职院校学生突发的危机事件，已是当前大学生思想政治教育工作的紧迫任务。家长参与高职院校管理是家长发挥主动性、实现家校合作的有效方式，虽然存在一定的制约因素，但可以通过新生家长会、辅导员通话制度、新媒体互动、家长委员会和校友会等途径进行创新，以提高高职院校思想政治教育工作的针对性和有效性。

　　时代的新变化给当代大学生的心理和思想带来了许多新的变化，大学生的价值取向也呈现出许多新的特点，在此种背景下，不少高职院校出现了学生突发的危机事件，如何处理这些事件，已是当前大学生思想政治教育工作的紧迫任务。

　　近年来，一些高职院校教育工作者认识到家长在高职院校学生管理中的重要作用，对家长参与高职院校学生管理的途径进行了探讨，以期能对高职院校学生进行有针对性的价值导向。如李晓丽指出，近年来，校园暴力事件的频繁发生应引起社会、学校与家长的关注，教育不能单靠学校，家长是孩子身心是否健康发展的直接影响因素。呼丰指出，家长积极参与高职院校的学生管理工作，充分发挥自己在具体学生管理事务中不可或缺的纽带作用，及时与学校和教管人员沟通学生在校和在家的各种情况，不仅可以在交流中方便、全面地了解到学生在校的基本情况，还可以为学校的学生管理提供有针对性的建议，更为重要的是为学生的家校共管模式打下坚实的基础，共同推动高职院校学生管理事务。李洪亮指出，高职院校与学生家长的交流主要有家长会、书信方式、电话方式、与家长互访、网络交流等形式。这些学者都指出了家长在高职院校思想政治教育中的重要作用，并对家长参与高职院校学生管理的路径进行了探讨，但现有研究成果多数集中于基础教育阶段家校合作的途径，未能结合高职院校教育的特点和时代发展的趋势进行探析。

笔者在长期的学生工作中发现，家长参与高职院校学生管理存在一定的制约因素，但可以通过新生家长会、新媒体互动、家长委员会和校友会等途径促进信息沟通，掌握学生动态，以提高高职院校思想政治教育工作的针对性和有效性。

一、家长参与高职院校学生管理难的原因

家长参与高职院校管理是家长发挥主动性、实现家校合作的有效方式，能够弥补高职院校难以开展家访工作的不足，掌握学生情况，促进家校联系。然而，家长参与高职院校学生管理存在一定的制约因素，阻碍了家长走入高职院校、走进管理的步伐。

家长不重视校访。在中国，家长把子女升学作为第一要务，认为只要孩子考上大学，就算大功告成。学生考入大学以后，家长把承担学生的学费和生活费作为主要职责，把教育看成学校的事，很少与辅导员和老师进行联系，即使来到学校也很少有家长与辅导员见面。据调查，在"子女上大学以后，家长主要通过什么方式对子女进行关心"问题上，回答"经常来学校关心"的仅占2.2%，回答"经常打电话关心"的占96.04%，回答"经常写信询问"的占0.44%，回答"通过辅导员老师了解情况"的占0.44%。一旦出现意外，家长往往追究学校的责任，没有意识到自身的责任和义务。

家长不配合学校工作。当代大学生家长多数受到良好教育，能够在学生学习和就业方面提供指导和帮助，但涉及子女利益纠纷时，有的家长往往缺乏理性判断。他们来到学校不仅不配合学校开展工作，反而给学生带来负面影响，给学校思想政治教育工作增添了阻力。

个案1：某高职院校大一男生李某，因口角被同宿舍另一名男生打伤致鼻骨骨折。起初，李某接受对方道歉，同意双方和解，并接受一定的经济补偿。但李某家长到校后，看到李某鼻骨高肿，心疼不已，不接受对方道歉，以坚持司法惩治为由要求对方一次性赔偿现金20万元。学校

几次进行调解，李某的家长都不肯让步。打人一方家长出于学生的未来考虑如数赔偿，李某担心对方打击报复，收到赔偿金后办理了出国留学。

个案1中，李某家长爱子心切可以理解，但处理问题缺乏冷静，不仅使李某中断学业，而且给李某的成长带来负面影响。实际上，学校有经验、有能力处理类似打架的突发危急事件，家长如果配合学校工作，完全可以避免两败俱伤。

学生不愿家长干预。中国的教育体制虽几经改革，学生还是只在步入大学以后才开始感受到自由。他们终于摆脱了家长的束缚，不愿家长干预自己的学习和生活，只有在经济陷入危机和遇到解决不了的困难时才向家长求助。他们也不愿与辅导员沟通，在家长与学校之间形成了一道鸿沟，高职院校思想政治教育工作容易出现空白点。

个案2：某高职院校大一男生程某，以贵州省黔东南苗族侗族自治州某县第一名的成绩考入重点大学。该生入学以后沉溺网络游戏，经常一周不回宿舍，辅导员发现他旷课以后多次与其谈话，但他仍沉溺网游。一学期下来，程某旷课超过50节，被勒令退学。

个案2中程某从未告诉过家长自己的在校情况，家长以为他跟高中一样努力学习，对他考入大学以后的学习和表现一无所知，最后他父亲来校接他回家为时已晚。如果家长主动与学生沟通情况，家长和学校一起做工作，这名县高考状元不至于退学。

高职院校辅导员配备不足。教育部规定，高职院校要按师生比1：200配备专职辅导员，但很多高职院校都很难按比例配齐辅导员。在实际工作中，新进校的辅导员不仅要担任几个班的辅导员，还要承担学生管理的行政工作，很难抽出时间与每个学生家长进行联系。而且，很多学校安排任课教师担任辅导员，他们的教学和科研任务繁重，做好班级工作已属不易，很难经常与家长联系。

二、家长参与高职院校学生管理的新途径

尽管高职院校学生家长参与高职院校学生管理存在很多的制约因素，

但根据笔者多年的学生工作经验，认为可以从以下几方面尝试开辟新途径。

成立家长委员会，搭建家校联系载体。高职院校可借鉴中小学家长委员会的经验，成立家长委员会，促进家长之间的交流，集中反映家长的意见，积极参与学校的教育工作。在中国，浙江大学、福州大学、扬州大学和南京师范大学等高职院校率先成立了家长委员会，搭建起家校联系的重要载体。

个案3：从2006年开始，浙江大学外语学院尝试在2006级新生年级组建家长委员会，旨在更好地开展大学新生始业教育，丰富学校教育的渠道和途径，整合学校、家庭、社会力量，构建全员育人的格局。该学院将家长委员会工作定位为：沟通、协调学校和家庭对学生的教育作用，实现家长对学校教育教学过程的参与和监督，通过家长的渠道作用整合社会资源和力量支持大学实现更加优质的人才培养。经过七年的摸索和实践，浙江大学外语学院家长委员会已经建立起一套行之有效的机制，家长不仅介入学生教育管理监督，还形成了家长主动关心学校学院发展、关心孩子在校情况的习惯和热情。

建议高职院校摸索和推广家长委员会模式，加强家长和学校的联系，发挥家长对高职院校学生管理的建议和监督职能。一是定期召开家长委员会，了解家长的需求，听取家长的意见和建议；二是加强信息沟通，通过网络、简报等方式确保家长委员会和学校之间信息通畅；三是邀请家长委员参加校庆、开学典礼、毕业典礼等重大活动，关心学校工作，并进行必要的监督。家长委员会是学校教育管理的延伸，是家长参与高职院校学生管理的新途径。

辅导员可建立通话制度，利用新媒体与家长互动。家长应该经常与辅导员打电话，了解学生的情况。实际工作中发现，由于家长工作、家务繁忙，不能保证定期打电话，互通电话的制度由辅导员落实更为合适。辅导员应每个学期至少与学生家长通一次电话，使家长了解学生的在校情况，并把家长和学生的想法反馈给辅导员。即使家长不能经常到校，可以通过电话了解学生的学习和生活情况。同时，利用新媒体进行动态联系。家长要与辅导员通过微信、微博、短信、QQ等方式保持互动，了解学生的日常表现和学习情况。建议学校开设微信公众平台，基于学生的需求提供学习、生活、工作等信息，搭建及时性、有效性、互动性为一体的信息人性化传递平台。学生家长通过这一平台了解学校的校园新闻和班级活动，共享校园信息。同时，对于有问题的学生，辅导员可以通过微信向家长反馈学生的情况，随时与家长保持互动联系。通过固定的学期通话和平时的动态联系，学校和家长互相沟通信息，防患于未然。

发挥校友会作用，充分利用校友资源。高职院校校友会是一个在大学领导下的群众性、非营利性联谊组织，是以联系校友、服务校友、宣传母校、服务母校为宗旨，既适应大学发展需要，又满足广大校友自身发展需求的社会团体。校友会中有一个特殊的群体——家长校友，他们不仅是学校的毕业生，还将自己的子女或亲属输送到自己所在高职院校。这些既是亲人又是校友的家长对学校有着特殊的感情，既对母校怀有感激之情，又期望学校把子女或亲属培养成才。他们愿意参加母校的活动，为学生成长、学校发展贡献力量。高职院校应充分发挥校友会的作用，使校友参与到高职院校学生管理中来。一是邀请校友参加"校友论坛"。建议校友会举办"校友论坛"，邀请优秀校友给在校生举办讲座，将自己的奋斗经历和学习经验分享给学生，发挥校友的育人功能。二是向校友征集意见和建议。鉴于家长校友的特殊身份，学校的发展与他们休戚相关，他们也密切关注学校的发展和进步。校友会应通过座谈、电话、邮件等形式征集他们对高职院校学生管理方面的意见和建议，推动学校不断提高学生管理的能力。三是联系校友提供实习与就业机会。校友会要发掘校友资源，让有能力、有意愿的校友为在校生提供实习和就业机会，为学生拓宽就业渠道，增加就业机会。

第三节 学分制

　　学分制的高职院校管理模式是我国教育的一项重要改革措施。学分制的管理不是一个单一的管理方式，他需要一个高职院校整体的系统与之配合，一同运作。在教学方面、后勤方面、学生管理方面一起配合才能起到学分制管理模式应有的效果，实现管理的高效性、合理性。通过学分制的管理模式让更多的学生能够在高职院校有一个更好的提升，本节将进一步探讨学分制条件下高职院校学生的管理模式。

　　在教育发展的不同时期，我国在教育管理方面都有着不同的管理模式，而且教育模式的发展是紧跟时代步伐的。全球多元化的发展，对我国的教育模式提出了新的要求，传统的学年制高效管理模式已经不能适应社会发展的需求，高职院校实行学分制的学生管理模式已经是一个十分必要的教学需求了。学分制管理模式，在一定程度上改变了过去教学体制的弊端，它使管理模式更加人性化，教学过程更加生动活泼。然而，学分制的管理模式，对教育系统有着很高的要求，必须有着其他管理方面的全面配合。

一、学分制管理相对于传统管理模式的巨大优势

　　在实行学分制管理模式之前我国实行的是学年制的管理模式，学年制管理模式也有其存在的意义和一些方面的优势。

　　在专业设置方面有着较强的指向性。学校设置课程的时候结合了专业的特点。而且这样的模式能够让学生更快地接触到自己所学的专业和周围能涉及的知识，这样的模式使得学生在走向社会之后在就业方面有着很大的优势，可以快速地融入工作之中，而且在工作中能够有进一步发展的空间。

较为简单的教学管理。每个班级的课表都是统一的，在选课方面十分简单。但是从另一个角度来看也在一定程度上限制了学生们的个性发展。

由于课表相同，平时的活动较为集中。更有利于集体活动的开展。在同学所学的专业中能够快速找到一群志同道合的人给自己以后的工作带来良好的铺垫。

随着教育体制的改革，这种传统的教育管理模式已经不适应当今社会多元化的要求。当今学校培养要适应市场的需求，专一的专业培养太过死板缺乏灵活性。学校的管理模式应该扩展专业的发展方面，让学生的个性能够得到充分的发展，让学生能够有选择自己想学什么课程的权利。通过不断地进行创新让同学们感受到高职院校带给自己多方面的成长。

与传统管理模式相比，学分制的优势主要体现在以下几方面。

极大地提升了学生的素质。学分制管理模式的实行，能够促使学生德智体美劳的全面发展。在学校之中营造一个良好的成长氛围，对于提高学生们的素质有着很大的推动作用。

为学生的个性发展提供了空间。学生是学习的主体，他们有权力选择自己学习什么、不学习什么。在时代飞速发展的今天，学生已经能够明确地知道学校之外有着多么大的舞台和机遇在等待着他们。他们知道自己需要具备什么样的素质才能在激烈的社会竞争中掌握一席之地。这样的管理模式能够充分调动学生学习的主动性。让他们为自己的未来做出抉择，增加自己的使命感，同时在一定程度上提升学生自身的积极性。

提高老师教学的高效性。学生在选课的同时也是对老师们讲课质量的变相评价，这样会提高老师们教学的积极性。努力提高自己的教学质量，有利于教学效果的提升。

学分制管理模式的实行从某种角度上可以说是教育模式受到了经济体制的影响，也可以说是教育模式和经济体制变革的相适应。学分制的实行势必会对传统的高职院校管理模式提出一系列变革的要求，同时也出现一系列的问题。

由于学生可以自由选择自己喜欢的课程，所以以往一个班每天上同样课程的现象就不存在了。这样的话，大家对于班集体这个观念在一定程度上就会弱化。

对于学生素质的评价不再是一样的以班级或者年级为单位，学校奖惩制度的对象更加偏向于个人。

对于学校党团组织的稳定性起到了一定程度上的冲击。

二、学分制管理对高职院校学生工作的重要影响

（一）培养学生综合素质才是学生工作的最终目的

学分制管理模式的实行导致了班集体概念的弱化，致使很多教育工作者的职能出现了相应的变化。但是教育工作者的教学目的却是一直不变的，那就是提高学生的综合素质，培养他们全面发展。让他们不但能够掌握专业知识为之后走上社会提供竞争力，还要对他们进行思想道德教育，让他们明白德才兼备是一个优秀人才的必备素质。

（二）开展学生工作是对学生进行素质教育的必然要求

对于学生进行素质教育是对大学生平衡发展的必然要求。它是我国教育整体发展的重要一环，只有提高了学生的综合素质，才能够在根本上提高我国的综合实力。正所谓少年强则国强。只有提高了民族素质，才能提高我国的整体素质。通过学分制的管理模式让更多的高职院校学生能够得到多方位的品质培养，增强自己的综合素质，给自己乃至国家做出更多的贡献。

（三）学生工作的开展能够提高教学的高效性

建立优秀的师资力量。可以定期地对老师进行培训。培训的目的是使得教师既能够对学生们在思想道德上能够起到很好的引导作用，在专业课程方面也能够给出实际的指导。在学分制管理的过程中，要学会帮助学生明白自己的优势和劣势，选课的时候不能盲目，要结合社会的需求同时也要端正学习的态度。

三、学分制高效管理模式的具体实施措施

（一）加强宿舍区的管理

由于学分制的实行，班级概念的弱化，对于宿舍管理这方面就一定要加强。各高职院校应该以宿舍区为单位建立管理区，在辅导员的配备上也要以宿舍为分区原则。还可以在宿舍生活区建立党团组织，时常开展思想工作教育，把宿舍生活区作为思想教育的基层工作展开区。多多组织以宿舍管理为核心的集体活动，从另一方面增强学生的集体意识，加强宿舍生活的管理工作。

（二）加强学生的党团组织工作

虽然在学分制的管理体系下，班级意识遭到了学生的弱化，但是对于班级建设却是不能忽略的。不能够将管理的重心全部转移到宿舍管理上来。在新的管理体系之下，班级团组织与宿舍管理同样有着重要的意义，只是他们的分工不同。班级的团组织主要负责日常生活中档案管理、学籍管理等日常工作，而生活区的管理组织主要负责对学生日常思想上的引导和自己宿舍文化和校园文化的开展和传播。学校应该多在这些方面进行管理。但是在党组织教育中要注意引导学生树立正确的价值观，有些学员参加党校思想政治教育的动机不纯，有的是为了当前国家形势的需要；有的仅仅是为了得到文凭，做为将来找工作的敲门砖；还有一些学生参加党校学习是为了结交大量的朋友，希望对自己的仕途有帮助，让自己更上一层楼。他们都将自己的精力用错了地方，没有及时地摆正自己参加党校思想教育活动的心态，学习效果是可想而知的。有些学员没有理解学习思想教育的重大意义，认为学习思想政治理论对自己没有多大的用处，不参加党校的思想政治教育培训学习照样完成自己的工作，缺乏学习思想政治教育的积极性，有些学员利用各种借口或者工作掩盖不去党校培训学习，在学习思想政治教育过程中一直处于被动的位置，不能全心全意地参加党校培训学习。参加党校课程变成了学生的累赘、摆设。

(三) 对学生工作进行内容的扩展和延伸

学分制的实行，从根本上来说是为学生提供更加丰富优质的服务。学校可以在学生较为集中的生活区建立一些为学生服务的机制，包括对大学生创业就业的指导、勤工俭学的安排之类。满足同学们对于自我提升和日常生活的需求。不断地推出新的活动让更多的高职院校学生从中获取更多对自己有用的知识和能力。

(四) 将思想教育融入学生的日常生活之中

学分制管理模式的实行，在一定程度上解放了传统教育模式对学生个性的束缚，但是在学生思想教育方面会面临更多的难题。因此在校园之中要将思想道德教育以及价值观的树立融入学生的日常生活之中。大学的教育不仅仅是提供给学生理论知识，还要给他们创设一个能促使他们思考、加速他们锻炼的一个自由的环境。大学生们主要的生活和学习场所就是校园，如果一个校园有着良好的积极向上的良好氛围，对于大学生正确价值观的培养是有着重要意义的。学校的作用不仅仅是要教给学生们具体要学习的知识，还要让他们学会解决问题的途径和方法。思想教育的主要目的是培养学生的综合素质，使其无论从思想上还是从能力及思维方面，都可以有正确的理念。

当今社会，需要的是德智体美劳全面发展的高素质人才。学分制高职院校管理模式的实行，既能够加强学生的思想道德教育，让他们有一个积极健康的价值观。还可以充分调动学生学习的积极性，充分掌握专业知识，为今后走向社会奠定一个良好的基础。但是学分制的管理模式对于教育工作者却有着十分严格的要求。教育工作者要将学生视为管理的主体，学生既是管理的对象也是服务的对象。学校不光要对学生进行学业指导，还要进行思想教育、生活服务等其他方面的安排，只有各个环节相互配合才能真正地将学分制管理体系运作起来。

第四节　大数据时代

在互联网广泛普及的计算机技术时代，种类繁多的巨大信息数据体系，将人们不经意地带入了大数据时代。根据对虚拟数据认知的改变，高职院校管理模式从新的层面产生了另一种不同的建设模式。总结以往对高职院校学生的管理模式的不足和难点，以大数据时代为前提做出更有针对性的管理模式，分析社团这一组织形式对于高职院校学生管理的积极意义，探索有效的、实质性更强的高职院校学生管理模式。

大数据有着数据规模庞大这一特点的同时，数据背后的可挖掘利用的有用价值也是大数据的优势之一，但这些特征不能完全地总结大数据的全面意义，大数据时代的不断变化使其定义也不断地被充实和扩大。国家发展是以教育为基础的硬性条件，如今国家建设得如此强大与高职院校教育成果是分不开的。随着各大高职院校规模的扩大和发展，原有的师资力量显得有些单薄，这直接造成了管理力度缺乏和混乱的管理现象，教育团队超负荷的工作量使得管理模式老旧而缺少新意。然而高职院校学生在大数据时代里海量信息内容的应用与普及，让高职院校教育工作者看到了新的希望，在师资条件短缺的情况下，与大数据进行尝试性的融合，从而达到管理模式的创新。

一、大数据的了解

（一）如何理解大数据

从宏观的角度来说，大数据的庞大数据规模和其背后可利用价值是它的主要特征，从细致的角度去观察大数据，它还有着快捷、真实、繁杂的微观内涵。我国现阶段一些思想转变对大数据造成的作用有：数据的全面化分析对事物本质的影响；数据的庞大无章法使得人们不再深究它的准确性；事物的因果关系复杂而不能有效掌控，导致重心变成了对彼此之间关系的关注。

（二）深入认识大数据

在高职院校学生体系中，每名学生都拥有截然不同的信息情况，近两年来高职院校学生更喜爱通过微博这类社交平台，将自己和身边人的写实自拍、原创的搞笑视频片段等有鲜明个人特色的内容发布出去，这就产生了多元的社交群体，高职院校学生之间的交互式评论使其制造的信息数据不间断地增长，这个速度正以惊人的增长势头刷新人们的价值观。大数据时代先进的教学管理模式中，一些与时俱进的变化也是不错的特征表现，如高职院校学生学籍的注册、校内生活消费息息相关的校园卡、学生的课时出勤、学生课业选课及考试成绩的评分等，都是以新媒体应用形式与高职院校学生进行有效的联系。这些贴近高职院校学生在校生活起居的大数据分析，展现出了数字信息领域已经在高职院校学生管理当中起到了很好的作用。

（三）不完美的大数据

大数据的内容繁杂不稳定使其显得混乱而难以掌控，各高职院校的管理系统并没有明确地建立模式，一成不变的管理模式和手段，完全不能满足大部分高职院校管理工作者的需求，学生数据信息的不统一使其准确度大大降低，这让大数据的优势打了很大的折扣，也让高职院校学生的管理应用中处处碰壁。传统数据分析方法导致大数据资源不能更好地得以利用，众多高职院校基本都是以传统的纸质问卷形式来调查数据，将其作为参考样本，但这种延续很久的抽样统计有着很大的受限性，随之产生负面效应也是很麻烦的，明明可以利用更快捷有效的大数据环境，进行信息更精准的统计还要固执地坚持使用传统的方法。

二、大数据时代的高职院校管理

(一)管理目标

在新媒体环境下,高职院校教育者应积极地利用这个信息数据的优势,面向高职院校学生制定更便捷、更吸引的管理目标,对于学生中存在的一些小众群体,他们不能很开朗地主动地在学校活动中参与进来,那么通过对这些学生信息数据的分析研究,制定更精准的管理目标,了解他们自身的优点加以提拔,使管理效率和成效得到一个良好的发展趋势。构建良好的管理目标要依托科学化的制度,灵活地将理论基础和实践相结合,这个目标下,高职院校学生可以更主动地参与进来,当然不完美的管理目标的制定会让一些学生感觉难以接受,处在青春期逆反心态很强的他们,很可能以消极的态度应对管理者,所以制定相对高质量的管理目标对于高职院校学生管理有很重要的作用。

(二)理念影响

大数据的应用为高职院校学生管理者提供了更直面内心的个性化服务形式,教育者利用信息数据作为核心服务于管理思想,以新颖的方式呈现校园信息的构建和整合。信息数据也是有它自己文化的,数据已经从虚拟不可触碰的形式演变成可控的强大资产,它以新兴的物质经济模式像货币形式一样地存在着,通过不同的层面在高职院校学生管理模式中,将大数据独有的文化渗透进去,达到微观决策到宏观决策的良性过渡。以人为本是教育者在高职院校管理中需要坚守的信念,不论从学生的角度还是站在教师立场上,互相扶持是必要的管理模式趋势,达到师生共同成为被管理的目标,大数据是教育者、学生和管理者之间的桥梁,它无形地牵引着每一个阶层,让大数据在教学管理中提供更好的服务。

(三)管理困境

信息数据过于简单性和表面性的收集,让原本就处于管理模式建设水平参差不齐的高职院校大数据,造成了不小的资源浪费,想实现个性化的教育模式就更加困难，进而影响教育进程和管理效果。高职院校学生在原有的管理模式中信息接收过于单一，比如，在校园内衣食住行方面的信息应用只能以独立的形式存在，相互之间不能建立方便的信息锁链，学生们在校期间的各种情况只能依靠各信息平台独立的统计，无法将在校的所有信息轨迹做出综合准确的总结。师生在校园内活动中产生的所有数据，是评判高职院校管理这一重要工作的信息基础，管理模式在工作中需要努力地学习和维护，将管理系统模式的构筑与大数据相融合，将管理难度尽可能地缩小。高职院校学生管理要正确地建立信仰和引导价值观，杜绝后门和捷径，教育管理模式的良性发展才能不被破灭。

三、高职院校社团在大数据管理中的作用

（一）社团管理重要性

随着新媒体数据时代的到来，各高职院校通过对社团的管理，更精准地得到学生的真实信息数据，学生通过在社团活动展现自身的能力，将他们不常见的一面更好地展现出来，他们自愿加入自己感兴趣的社团组织来丰富课外的业余生活。社团的多种多样和差不多的规模构建，更便于管理部门对学生信息资源的掌控，有些学生还主动提出在社团中担任领导职务，这在未跨出校门之前能够得到很好的历练，对学生的发展和成才起到了不可否认的促进作用。如何将社团管理提高到一个可观的重视程度，也是高职院校管理者们的必要责任，他们有义务在这个大数据潮流中，对有鲜明特点的社团给予重视，社团和管理之间有一个良好的互动，针对社团管理来促进管理模式的完善与发挥。

（二）现状与问题

任何形式的管理都会遇到问题，社团管理也不能逃脱这样的命运，我国高职院校虽然都已普及了社团的模式，社团种类也飞速成立和发展着，但社团管理却在发展上止步不前，矛盾和问题愈演愈烈难以改善。造成这一恶性局面的原因，主要是管理模式和社团自身的构造之间的问题，

管理者的不够成熟导致原本是高职院校学生自发组建的社团，总是产生不必要的矛盾冲突，管理者如果不能控制好自己的情绪，那这个自愿组建的群体就会变得散漫而不易管理。最初社团的加入是学生为了让剩余休息时间更好地利用，目的很直接、明确和单纯，他们从未想过社团内部也存在着责任，对社团相关资料粗心的记录和不妥善的保管，在开展管理工作时由于数据不完整而无法实现连续性。

（三）大数据下的社团管理

过去的社团活动大都以屋檐下的或户外性的参与式形态出现，例如，唱歌、跳舞、琴棋书画、野外郊游、社团实践等活动，这些活动要求社团成员必须以亲自到场为参与标准。自从大数据时代新媒体广泛普及，社团活动也增添了新的活动方向，管理者组织社团成员通过自媒体的应用以信息技术为支持，创建了很多新鲜的社团活动，例如，某高职院校的社团通过新媒体视频应用的便捷，组织成员不定期地录制一些颇有讽刺社会不良现象的短片，经过后期剪辑成微电影的形式发布在互联网上，得到了广泛关注和好评。这一过程中，社团成员完全不需要全部在场参与，社团活动展现了更方便有趣的一面，管理社团也将更轻松和容易。所以说大数据下的社团管理模式，也是高职院校学生管理的一种必不可少的构成。

四、大数据管理模式的创新

（一）大胆突破管理模式

对于提高高职院校的管理质量和研究创新及大胆突破，在原有管理模式中摸索出新的领域，真正以大数据为突破的技术准绳，服务于新型人才的培养。新型人才不局限于高职院校学生，管理和教师团队同样需要拥有这种人才，因为除了书本上的枯燥知识，有时候学生的信息认知反而高于管理他们的教师们。教师不能把自己的工作当成一百年不变的铁饭碗，那终有一天会被新兴的大数据时代所淘汰。

（二）网络远程公开课的开展

云课堂这一新的学习模式，是通过互联网实现的网络远程教学管理模式，这是一个技术开发下的产物，开放性的大数据时代中云课堂可以让学习与管理在不需要面对面的情况下就可完成。云课堂在某些不可抗力的自然灾害后的重建过程中，为了保证教育和管理的不间断性、不耽误人才的有效培养，利用公开课形式的云课堂进行了很好的弥补。

综上所述，大数据时代是管理模式的创新，新媒体数据信息的应用使得高职院校的管理更具有鲜明的特色，在创新制度的构建中做到兼顾优点和缺点，让高职院校教育模式的现代化进程更稳健，从而与国际先进的教学模式和管理方法齐头并进。

第五节 网格管理

随着高等教育的快速发展以及管理理念及管理模式的更新换代,高职院校学生管理工作面临新的挑战。在大数据背景下,引入大学生网格化管理概念,将网格化管理模式运用于高职院校学生管理工作势在必行。文章在分析大学生网格化管理概念的基础上,提出构建网格化管理体系的具体功能要求,优化当前网格化管理模式,最终搭建高职院校网格化管理平台,为其推广和实践提供理论基础。

高职院校作为社会的一个重要组成部分,其稳定、和谐发展影响着全社会。近年来,高职院校食品卫生问题、学术腐败、教管人员行为不端、学生过激行为等突发事件频发,不仅造成学校人员、物资的损失,对高职院校的正常教学秩序和学生学习生活也产生影响。高职院校的学生管理工作已成为社会关注热点之一,高职院校的平稳运行对于社会安定具有重大意义。因此,提升高职院校学生管理工作的效率,转变管理思路,建立快速、有效的管理模式至关重要。在大数据时代,网格化管理模式的应用是顺应我国当前社会管理趋势的必然选择。同传统的管理模式相比,网格化管理模式对高职院校学生学习、生活中发生的问题能及时预警,并采取有效措施及时应对,有利于高职院校管理资源的整合、调配。通过建立、优化高职院校网格化管理模式,提升高职院校应急管理的能力,降低突发事件发生频率及不利影响,提升管理效率,促进高职院校的稳定发展。

一、大学生网格化管理概念

大学生网格化管理是一个全新的管理模式,社会学者对其概念的定义各不相同。当前,具有代表性的观点有以下几种:

（1）大学生网格化管理主要是在现有的网络系统、基础数据库的基础上，运用信息化技术、协同处理概念等，搭建协同工作平台进行统一管理。

（2）大学生网格化管理就是采用单元网格管理法，将信息技术运用到网格管理中，整合每个单元格反馈的数据，进行立体且全方位覆盖的学生管理。

（3）大学生网格化管理是将信息化作为手段，集成高职院校各种管理资源，以校园、管理部门、宿舍、学生为一个网络单元格，及时发现并解决各环节反馈的问题。

（4）大学生网格化管理就是依托统一的校园管理以及数字化信息平台，将校园管理辖区按照属性、规模划分成为单元并组成网络。通过加强对每个单元网格的监控及巡查，建立一种监控和反馈互相融合的方式。大学生网格化管理是在现有高职院校学生管理体制的基础上，对管理阶层、运行及反馈机制等方面进行优化，将管理范围深入到单个网格单位中，将管理事务划分为单独部件和单独事件。明确管理的标准、流程及责任主体，建立相应的组织保障体系，整合现有的信息技术、大数据系统，形成科学的管理系统，实现管理的网络状处理模式。

二、国内高职院校学生管理模式问题及现状

随着我国社会的快速发展，高等教育的改革不断深化，各大高职院校招生规模一再扩大。目前，针对大学生的管理还沿用传统的模式，即以辅导员、班主任为管理主体，以学生为管理对象，对已发生的学生问题进行处理的模式，行政倾向性较强。当前学生管理方式已经难以适应形势变化。因此，高职院校管理人员必须转变学生管理工作理念，及时调整管理模式，全面深化改革及创新高职院校学生管理工作。

管理层级结构复杂，效率低下。当前，大部分高职院校的学生管理工作主要由校学工处总领，各院系学工办公室负责学生的具体事宜，线性垂直管理容易出现学工及教务办各项工作交叉重复的现象。各部门之间未能打通屏障，造成学生的信息、数据收集出现重复现象，学生管理过

程中的问题反馈也难以及时处理。同时，这种管理模式时效性差，不仅造成资源成本及人力成本的增加，也不利于及时、有效处理突发事件。

管理阶层权责不清。高职院校管理队伍管理职能交叉，易引发互相推诿责任、无人负责的情况，管理学生的部门由学校的团委、学生工作处负责，这两个部门不仅要负责学生的团建党建、评奖评优、学生教育以及各类检查竞赛等工作，还要参加各类行政会议，应对各项检查，同时，还要负责向上级领导反馈信息，行政事务较多。繁杂的事务导致管理人员难以有时间创新管理模式、提升管理效率。同时，基层管理人员直接面对管理对象，被赋予的责任压力较大。仅凭有限的基础管理人员把控全体学生的信息难度较大，与学生沟通往往只能停留在表层，人力的缺乏也导致难以第一时间掌握学生动态。庞大的工作量导致管理人员常常心有余而力不足。部分管理工作因其私密性，数据难以互相流通，导致很多综合性事务在落实中产生很多问题，处理流程烦琐，进度缓慢。

信息平台建设落后。高职院校对于学生管理中的数据采集方式落后、标准不同，导致信息采集分散、重复量大，浪费了很多人力成本及时间成本。各部门之间只收集其当时需要的数据，例如，学工部门只收集学生晨跑、奖惩、个人信息，教务部门收集学生成绩、学籍变动等信息。各部门之间易产生信息孤岛效应，不利于对学生的统一管理。

三、高职院校构建学生网格化管理模式的必要性

《中共中央关于全面深化改革若干重大问题的决定》指出，要以网格化管理、社会化服务为方向，健全基层综合服务管理平台。在城市管理改革与信息化建设融合的背景下，很多地方的数字化城市建设早已展开。但高职院校学生的网格化管理研究还处于萌芽阶段，近年来高职院校学生的安全稳定受到社会的密切关注，作为社会组成的一个重要部分，在高职院校采用网格化的管理模式不仅能提升管理水平，更能减轻高职院校管理者的工作压力，提升工作效率。

随着高职院校规模的扩大，招生人数也逐年增加，科层制的管理模式

已难以适应当代的高职院校学生管理工作。科层制的管理模式过于单一,科层组织内部各级结构、人员职责、权限等都是由一套严格的规章限定,成员在组织内的任何工作必须要严格遵循规章制度,使得成员因循守旧、谨小慎微,缺乏主动性及创造性。当前的学生管理工作与现代社会的学生管理问题存在脱节的现象,学生安全管理、心理健康辅导等方面都遇到了瓶颈期,急需变革管理模式。

在当前的大数据时代,学生个性突出,对自身权利的诉求更加迫切。因此,构建高职院校网格化的管理系统有助于解决学生管理过程中遇到的问题,网格化系统能够将各处的信息迅速汇总起来,便于提高管理工作的系统性和时效性。在管理体系中坚持"以人为本"的理念,使人的价值得到最大限度的发挥,利用丰富学生的想象力和创造性,创建适合学生生活的校园环境,使学生全方面、健康发展。只有将需求和目标紧紧联系在一起,改革及优化高职院校网格管理模式,学校的管理水平以及人才的素质才能得到进一步的提升。

四、高职院校网格化管理平台构建

高职院校利用现代的网络技术和信息技术,结合数字校园建设,将网格化管理理念应用到高职院校学生管理中,构建以大学生信息数据为基础,以各学院管理部门、帮扶中心、党员服务站为中心,以信息化为手段的大学生网格化管理模式,实现高职院校精细化、人性化的管理模式,进而提高学生管理效率,这是高职院校管理模式的一个重大突破。同时,在管理过程中运用、发挥各网络单元格的协同功能,不断改进和完善网格管理平台,整合各类资源,实现管理过程中的资源共享。高职院校学生事务管理应用网格化模式还需注意以下几点。

(一)单元网格的建立

(1)将学生宿舍进行网格化区分,以班级、宿舍为第一级网格。当前高职院校宿舍安排基本以院系、专业为单位,相同院系专业的学生一般安排在同一宿舍或同一楼层。建立宿舍区域的网络单元格需要将学生公寓以楼层、楼栋进行划分，每一楼栋、楼层均可设置网格管理员，主要负责对应区域的安全、矛盾纠纷等信息进行收集及反馈。通过调动预备党员、党员、学生干部的积极性，可以在一定程度上实行学生的自治，减少学校的负担，减少学校人力资源分配的压力。（2）以学院为二级网格单位，在学院设立网格片区，由辅导员、支部书记担任负责人，接受一级网格员反馈信息，处理超出一级网格员能力范围外事宜。（3）在校主管部门成立三级网格单位，负责汇总二级学院上报各项事宜，负责重大突发事件的应急管理。在未改变学校管理体制的基础上，通过对运行机制、功能和体系结构的优化重组，对最小单元格的构建，来对每一个网格进行实时、动态及全方位监控，从而对网格内的学生开展及时、有效的多元化、人性化服务，实现对传统科层制管理模式的变革及创新。

（二）建立有效的网格管理平台

在高职院校现有的数据信息系统上，建立并完善互联、互通、互操作的网格管理公示平台。网格管理平台不仅需要对学生的身份、户籍、学籍、家庭情况等基础信息高度集成，还应具备信息的传播及学生各类情况的反馈、上传功能。同时，需要将网格平台与高职院校的后勤、基建、保卫部门进行联合，共享网络信息，实现校园内部的协同管理。学生能够及时在平台上关注问题解决的进度及处理结果，由学校相关部门、学工管理人员、网格员、学生共同监督，达到信息透明化。针对部分特殊人群，所涉及院系应该建立档案，加强后续的追踪。真正实现学生管理与服务"一站式"，实现学生管理工作全面信息化。

（三）网格化学生管理的重点与难点

网格化管理应建立动态信息数据库，确保学生信息及时更新。学生的信息数据更新不及时会导致学校管理阶层在制定和执行政策制度时出现偏差。因此，保障学生信息数据的正确性和全面性，是充分发挥网格化管理功能的关键所在。

随着高职院校规模的扩大，招录学生来自不同的省、市，这必然给网格化管理带来困难，不同地域的学生对于文化的认知及个人习惯差异较大，进校前的教育基础、心理承受能力和交往交际能力差异明显，在现实的网格管理中，需要根据管理工作中存在的重难点实施有效分级、优化设计，重点关注学生档案，便于管理的高效化和精准化。

大数据时代背景下，高职院校网格化管理的优势会更加明显。建立高职院校网格化管理平台，不仅需要依托高职院校信息化建设的基础条件，将管理人员、学生融入网格中来，集成有限的人力、物力和财力，打通学校内各部门的信息壁垒，联合学校各部门进行学生的协同管理，还需要结合高职院校特色，在实践中逐步摸索出一套适用于自己学校的网格化管理模式，实现学生网络管理平台的信息化、规范化、精细化和系统化。结合信息化手段，转变工作思路，优化工作流程，使其管理方式能够适应当前的大数据时代，同时，也促进高职院校学生网格化管理模式的创新及变革。

第六节　组织行为学

组织行为学，用来研究一定组织中人的心理活动、行为活动的规律，为主管人员的管理工作提供依据，不断提升预测和引导能力。本节首先分析了组织行为学应用在学生管理中的特点，然后阐述了高职院校学生管理模式，以供参考。

高职院校学生管理工作，是以人才培养目标为核心，依据国家教育政策方针，针对学生、财产、事物、时间、信息等各种要素，进行组织、指挥、协调、预测、实施、反馈、监督等工作。结合我国高职院校的实际情况，学生管理涵盖的内容较多，包括心理、行为、能力、兴趣、学习等方面。实践证明，做好学生管理工作是促进学生全面发展的必要条件，以下对此进行探讨。

一、组织行为学应用在学生管理中的特点

组织结构系统化。在学生管理的组织结构上，利用组织行为学理论和方法，要求全面分析环境、管理等要素，除了学校环境以外，还包括家庭环境、社会环境、虚拟环境等，因此组织结构更加系统化。具体操作上，可以在校园内设置心理咨询中心、就业指导中心，指引学生的学习和生活，帮助学生及时解决个人问题、学习问题、生活问题，避免影响个人发展。

资源配置合理化。学生管理工作的开展，要对社会、学校、学生三个资源要素进行合理配置，其中学校是关键要素。利用组织行为学理论和方法，要求学校在社会环境中汲取成功经验和营养，引进更多资源，满足学生管理和发展需求。以校企合作方案为例，注重产学研一体化发展，既为学生的实习、就业提供了场所，也能推动高职院校和企业科研工作的开展，是一种有效的新型办学模式。

管理工作人本化。组织行为学理论指出，学生管理要以学生为核心，尊重学生的主体地位，将管理工作从管制、教导转变为教育、引导，充分调动学生的积极性和创造性。其中，激励理论是组织行为学中的重要内容之一，从人的感觉需要入手，激发欲望、追求目标，通过目标的实现，促使欲望得到满足。例如，高职院校设立的奖学金、科研立项等，均是激励理论的典型代表。

二、基于组织行为学视角的高职院校学生管理模式

个体化管理。在组织行为学中，人是最重要的资源，人的积极性和创造性，直接影响行为效率和组织活动的开展成果。因此，人的心理和行为，是目前组织行为学的重点研究内容之一。大学生的个性特征，主要包括心理、态度、价值观、知觉、行为、人际关系等内容。不同学生的行为方式不同，管理时要理解、尊重学生的差异性，采用因材施教的理念，既能对学生的思想、行为产生积极影响，又能提高管理效率和质量。此外，影响学生价值观的因素较多，例如，家庭、社会、学校、文化等，且具有持久性和稳定性，要想做出改变，必须经过一段较长的时间。对学生进行个体化管理，要求管理者引导学生树立正确的价值观，以促进个人健康发展，避免误入歧途。

群体性管理。针对学生群体进行管理，主要是利用社会心理学的理论和研究成果，分析群体活动的一般规律。在组织行为学领域，群体研究内容主要包括以下几点：①结构功能；②发展过程；③凝聚力；④沟通交流；⑤人际关系。群体研究的目标，是增强学生群体的凝聚力，能正确处理学生之间、师生之间的关系，不断提高沟通能力，为群体目标和组织目标服务。结合实际案例，高职院校内的学生会、各类社团，不仅是锻炼自己的场所，也是开展群体性研究的重要依据；而班级活动、学院活动，则为不同专业的学生提供了交流机会。群体性管理工作，旨在培养学生的人际交往能力，为学生走向社会打下良好基础。

行为管理。针对高职院校学生的行为进行管理，出发点是组织行为学研究中的四个假设，具体如下：第一，行为的可预测性。人的行为变化具有一定的规律，大学生刚刚进入高职院校时，由于可塑性强，管理相对容易。因此，学生管理应该从基础和小处入手，引导学生树立正确的三观，保持端正的学习态度，养成健康的生活习惯。第二，行为的因果性。人的各种反应，均是出于行为的因果性，在学生管理上，学生出现问题并不是偶然，而是一系列因素的叠加和影响。对于管理者来说，只有深入探究问题的形成原因，才能从根本上解决问题。第三，行为的多样性。大学生的行为具有多样性，即使处于同一环境、面对同一件事，不同人也会有不同的行为表现。在学生管理中，要从多方面分析行为影响因素，从复杂的因果关系中分析学生的行为变化。第四，行为的可概括性。大学生虽然是一个差异化明显的个体，但行为可以做出一般性的概括，也就是共性。例如，面对考试时，学生均会产生紧张感，会安排一定的时间用于复习功课。在学生管理中，管理者应该掌握学生行为的共性，尤其是处理共同利益时，要考虑到学生的共同反应，分析学生群体的接受程度。

奖励措施。组织行为学理论中，要求合理设计外部奖励措施，利用行为规范、惩罚方法、信息沟通，来激发、引导成员的行为，最终实现成员和系统活动目标。具体到高职院校学生管理中，其一，应该结合学校的办学目标和特点，加强学校和学生之间的沟通，了解学生的想法，尽量满足学习和生活中的需求；其二，在奖励措施上，应该制订多元化的奖励方案，营造出竞争合作的氛围，最大程度上激发学生的潜能，例如，开展文娱活动、设置学生代表、颁发荣誉证书或奖章等；其三，进一步完善奖励制度，遵循公正、公平的原则，针对每一个竞争者，进行客观合理评价，避免挫伤学生的积极性。

学生管理是高职院校管理的重要内容之一，关系到人才培养目标和学校的可持续发展。分析可知，将组织行为学应用在学生管理中，凸显出组织结构系统化、资源配置合理化、管理工作人本化的特点。文中从个体化管理、群体性管理、行为管理、奖励措施四方面，阐述了基于组织行为学视角的高职院校学生管理模式，以期提高管理效率和质量。

第三章 高职院校学生信息技能培训

第一节 信息技术教育的地位与作用

在面向新世纪的基础教育新课程改革中，信息技术教育和信息技术课程的地位日益突出。信息技术已经成为当代课程与教学的最基本要素，成为教育改革和发展的重要内容，而信息技术教育的地位也在发生着明显的变化，正在从课程的边缘走向中心，从课程的配角逐步转变为主角。深刻理会和认识导致这种变化的时代背景条件，我们可以更加清楚地认识到信息技术教育在现代教育中的地位和作用。

一、信息技术教育的地位

（一）信息素养已经成为信息时代人的基本素质要求

在现代社会中，信息正日益成为社会生活中最活跃、最具有决定意义的因素，随着信息技术的迅猛发展，作为信息载体和通道的互联网极大地改变着我们的生活方式、生活观念，深刻地影响着我们的时代发展。可以说从来没有哪一个时代，让我们如此方便快捷地获取知识和信息。但面对着泥沙俱下的信息洪流，如何实现对信息及信息技术的正确理解、利用和把握，则是时代对信息社会的公民们所提出的一项新的基本能力要求。虽然万维网、LINUX等具有划时代意义的信息技术均诞生于芬兰这个北欧小国，但是几个大的发达国家在信息技术运用方面处于绝对的优势地位，这就可以说明，虽然信息技术本身的发展很重要，但是信息技术的推广和使用最终还需要提高大众利用信息技术的能力。也正是如此，一个崭新的概念——信息素养成为全世界关注的热门话题。

当前，信息素养不仅成为当前评价人才综合素质的一项重要指标，而且成为信息时代每个成员的基本生存能力。一方面，信息素养是思维能力、问题解决能力、决策能力和合作能力的基础，这些能力的有机整合就形成个人的综合能力，具有这种综合能力的人就会具有较强的实践能力和创新能力；另一方面，信息素养是终身学习的基础。一个人的学习能力与工作能力，在现代企业生产、科研、商贸和社会交往中，实际体现为对信息工具的掌握和使用。具备一定的信息素养，学习者就能够获得学习的内容，对所做的研究进行扩展，能够更好地自我导向，对自己的学习进行更有效的控制。

（二）开展信息技术教育是时代发展的必然要求

随着信息技术在国家发展战略中地位的提高，提高国民信息素养教育的要求也愈来愈迫切，而且开展信息教育、培养信息意识和信息能力不仅是现代社会对未来教育提出的一项新的要求和挑战，同时也成为当今世界教育改革的必然趋势和重大问题。美国作为以知识和信息为主要特征的新经济社会的先行国，在信息素养教育方面下了很大的力气，并率先制定了学生信息素养标准。我国也在各阶段全面开设信息技术课程，并提出了信息素养教育和培养目标的六要素，即"信息获取能力、信息分析能力、信息加工能力、信息创新能力、信息利用能力、协作意识和信息的交流能力"。由此推动了我们的信息素养教育的全面发展。

通过信息技术课程学习，学生可以具备获取信息、传输信息、处理信息和应用信息的能力，从而培养学生良好的信息素养，把信息技术作为支持终身学习和合作学习的手段，为适应信息社会的学习、工作和生活打下必要的基础。

（三）开展信息技术教育是基础教育改革顺应时代发展的必然要求

在面向 21 世纪的基础教育改革探索中，我国政府越来越深刻地认识到信息技术教育在培养面向信息时代的建设者中的重要作用。针对此种情况，《国务院关于基础教育改革与发展的决定》做出了更加具体的部署：全国乡（镇）以上有条件的学校要基本普及信息技术教育。大力普及信息技术教育，以信息化带动教育现代化。有条件地区要统筹规划，实现学校与互联网的链接，开设信息技术课程，推进信息技术在教育教学中的应用……积极支持农村学校开展信息技术教育，国家将重点支持中西部贫困地区开展信息技术教育。

二、信息技术教育的作用

（一）信息技术教育可以使课堂教学生活化

我们之所以学习，就是为了更好地生活，因此学习应该更加生活化，日常教学课堂也应该如此，对于学生而言，传统教学模式下学生学不到知识，更不要说将知识运用到生活中，鉴于此，教师在设计教案时应该从实际生活出发，借助现代信息技术手段建立知识点与生活之间的联系，将教材改编成学生感兴趣的故事或者实践活动等，这样学生就会产生更高的认同感，形成从形象感觉到抽象思维的转变。

（二）信息技术教育提高了学生的学习能力

学生由于智商不同，心理年龄也不尽相同，现代信息技术的特点就是与海量的知识资源链接，教师从中筛选出最有价值的教学素材，此外，信息技术集多重功能于一身，通过声、色、形、动等展示效果，可以唤起学生的兴趣，激发学生的思维，激励学生积极主动地投入到学习中去，对学生的观察能力、思维能力、表达能力都起到了一定的锻炼作用。在实际教学的过程中，对低年级的学生，教师可以通过信息技术结合主题教育的方式，寓教于乐展开教学；对中年级的学生，教师可以利用多媒体创设问题情境，引发学生的思考，建立实际生活与知识之间的关联，营造学生熟悉的环境，带动学生学习；对高年级的学生，教师可以将课堂教学打造成社会课堂，正视学生在智力上存在的客观差异，但是教师应该尊重每一位同学的主体地位，让每一位学生都在简单快乐的氛围中学习，引领他们逐渐适应这个高速发展的社会，帮助他们掌握基本的获取、处理、交换信息的能力。

综上而言，信息技术教育进入学校是教育改革顺应时代发展的必然体现。目前，信息技术教育已经成为重要的课程，成为我国综合实践活动课程的四大指定领域之一。在新课程改革中，研究性学习是综合实践活动的基础，也是综合实践活动的核心，信息技术可以为研究性学习提供学习的平台、技术的支持和广阔的操作空间，这也是将信息技术纳入综合实践活动的原因之一。

第二节　学生信息技术素养的内涵

一、信息技术素养概念的提出

信息素养这个概念是美国信息产业协会主席保罗·泽考斯基（Paul Zurkowski）在 1974 年提出的，最初是从图书馆检索技能发展和演变过来的，当时的人们将信息素养定义为"利用大量的信息工具即主要信息源使问题得到解答时利用信息的技术与技能"。后来又将其解释为"人们在解答问题时利用信息的技术和技能"。而随着信息技术特别是互联网的高速发展，推动了信息时代的来临，从而使这一概念具有了全新的内涵。现在，信息素养被认为是一种现代社会成员的基本生存能力，而对这种能力的理解包括两个不同层面的意义，即技术和人文。

在 20 世纪 80 年代以前，关于计算机教育的理解还远远没有到达今天我们所理解的信息技术教育的程度，由于受到当时"计算机文化观"的影响，程序设计是计算机教育的主流，而计算机的工具价值没有得到体现。随着网络技术的兴起，计算机日益广泛和深入地影响人们的生活，计算机成为人们生活中的重要工具，"计算机工具论"成为计算机教育的主流思想。在过去的 10 年，随着网络的深入和全面发展，人们对于计算机教育的内涵有了更加深刻和全面的认识，用"信息素养"的概念来整合我们对于计算机教育的内容已经成为越来越广泛的共识。

信息素养在技术层面的内容主要包括两方面，一是信息知识，二是信息能力。所谓信息知识，是人们在利用信息技术工具、拓展信息传播途径、提高信息交流效率中所积累的认识和经验的总和，它是构成信息素质的基础。通常，通过技能训练，在掌握了相应的信息技术之后，它可以成为人所能掌握的，实现对信息的搜索、分析、判断以及运用的能力。[王大武，张权科．浅谈中学信息技术课程中人工智能的教学[J]．实验教学与仪器，2018，25（2）：42．]但是，掌握了一定的电脑知识并运用同样的技术载体进入互联网，不同的人却可能有着完全不同的收获。我们曾经碰到过这样的问题：为了求解某一问题，进行某种决策，需要大量地收集信息、理解信息、分析信息，并将有关信息送入计算机，以一定的处理软件对信息进行处理，最后，根据处理的结果，做出相应的决策，这是一种以信息技术求解的过程。但是有时候在根据处理的结果进行决策时，我们发现这种决策与逻辑的分析，与以其他方法进行决策的结果相矛盾。经过反复评价、研讨，发现基于计算机处理的决策是错误的。显然，计算机的操作、软件的使用方法是完全正确的，产生错误的原因在于信息的收集、信息的理解和信息的分析者是否能够有效地获取、加工和利用信息。这说明仅有信息技术和相应的知识还不够，在信息知识的基础之上还需要一种能力——信息技术素养。这种信息能力，包括操纵信息工具的能力、检索获取信息的能力、加工提炼信息的能力、整合创建信息的能力、交流传播信息的能力等。如果说，信息知识是一种知识的积累，那么，信息能力更多体现的是一种对这种知识的有效运用和创新的能力。

在人文层面，信息素养的内容就有比较多的争议，从基本内容上讲，它包括信息意识和信息伦理。信息意识是指个人具有信息需求的意念，对信息价值有敏感性，有寻求信息的兴趣，具有利用信息为个人和社会发展服务的愿望。信息伦理是指个人在信息活动中的道德情操，能够合法、合情、合理地利用信息解决个人和社会所关心的问题，使信息产生真正的价值。在信息技术教育中，这往往是容易被人们忽视的部分。

归纳起来，信息素养是指人所具有的对信息进行识别、加工、利用、创新、管理的知识能力与意愿等各方面基本品质的总和，强调的是个人在进行有关信息活动时的身心发展总水平，它不仅反映的是人们利用信息的意识和能力，而且反映了人们面对信息的心理状态，也可以说反映的是信息时代人们在网络环境中的一种数字化生存能力，进行信息素养培养将是个人能力教育的重要内容。

二、学生信息素养的内涵

学生信息素养是指学生利用各种信息工具的能力，是识别获取、评价判断、加工处理、生成创造、参与交流信息的能力，是一种终身学习和自主学习的能力。核心就是运用信息资源进行问题解决和创新活动，这些能力在信息技术学科的学习中都有涉及。学生信息素养的高低是衡量一个人综合运用信息为己所用的能力，是信息时代学生的必备素质。学生通过信息技术课程的系统学习，信息素养会得到进一步的提升。

从学习所达成的学生发展目标而言，我们可以把信息素养的目标分为以下六个大类：

（1）理解基本操作和概念。学生能理解技术系统的特性和操作，精通技术的使用。

（2）认识社会、伦理及人文问题。学生能够理解与技术相关的伦理、文化和社会方面的问题；能够负责地使用技术系统、信息和软件；形成使用技术的正确态度，从而有利于其终身学习、合作、个人发展及提高工作效率。

（3）运用技术效能工具。学生能利用效能工具加强学习，提高工作效率，发展创造力；能利用效能工具合理地建构技术支撑的模型、发表作品和进行其他创造性的工作。

（4）运用技术通信工具。学生可以利用各种远程通信与同学、专家等进行合作、交互；能利用各种媒体形式与各种各样的人进行信息交流和思想交流。

（5）运用技术研究工具。学生能利用工具从各种途径检索、评估和搜集信息；能利用技术工具处理数据、报告结果；能对新的信息资源和技术创新进行评估和选择。

（6）运用技术问题求解和决策工具。学生能利用技术资源解决问题，做出决定；能在真实世界利用技术做出决策，解决问题。

总之，信息素养教育包含着丰富的内容。从广义上看，我们要从信息意识情感、信息伦理道德修养、信息科学技术常识、信息技术操作应用能力等四方面培养学生的信息素养；从狭义上讲，要重视培养学生获取信息、分析信息、加工信息、评价信息、表达信息、运用信息和发布信息的能力，以发展适应知识经济时代需要的人的整体素质。这种能力与传统的"读、写、算"能力一样重要，是信息社会对人才所提出的最基本要求。把综合主题、综合项目与信息技术教育有机融合的实践活动，将为这种能力的培养提供十分有利的环境，课程设计也必须围绕着培养信息素养的各个层面展开。

第三节 信息技术教育的组织与实施

如何有效地组织和实施信息技术教育？在长期的信息技术教育实践中，各国提出了不同的信息技术教育的组织形式，如美国很多州没有统一的课程设置，英国则是实施统一的课程，对于不同阶段的学生提出不同的目标要求，而中国则和芬兰一样，把信息技术教育设置为综合课程的一部分。对照我国当前的信息技术教育实施现状，我们可以发现，我国当前在信息技术教育的组织和实施方面还面临着一系列亟待解决的问题。

一、信息技术教育的组织

当前，我国信息技术教育的组织主要包括以下三种形式：一是开设信息技术课程，二是加强信息技术课程与其他课程整合，三是通过综合实践活动来实施信息素养教育。

（一）开设信息技术课程

《信息技术课程》进入学生课堂，使得我国青少年信息素养的教育和培养有了根本的保障。为使对青少年信息素养的培养和教育落到实处，在信息技术教育实施过程中，课程目标要考虑到学生的心智发展水平和不同年龄阶段的知识经验与情感需求。

我们必须清楚的是，信息技术课程有别于传统的计算机课程，计算机课程是把计算机作为课程的学习对象来学习，而且是唯一的学习对象；而信息技术课程则把计算机作为课程的学习工具来学习，并且是学习的工具之一，强调的是使学生具备各种信息工具和各类信息资源进行学习的能力，通过学生对信息技术知识和技能的掌握与利用，不断提高他们的信息意识和能力，使学生学会学习、学会思考、学会合作、学会创造，以利于学生综合素质的不断发展。

从教学方法而言,信息技术教育的实施与传统的计算机课程将有所区别,传统的计算机课程强调的教学方法是讲练结合,忽视学生自我探究能力的培养,压抑学生的主动性和积极性,忽视学生课堂学习的主体地位。信息技术教育不但是课程内容的革新,也是学习方法的革新,传统的讲练结合的模式不能应用于信息技术教育,而应该探索新型模式,有关学者提出了新型的信息技术学习模式,强调研究性学习、探究性学习、协作性学习和自主性学习等多种学习的统整。教学方法和模式的革新必然激发学生的学习兴趣,充分体现学生主体地位。信息技术课程的教学应该贯穿能力本位的思想,目的不在于给学生灌输了多少知识,而侧重于学生能力的培养。一是学习使用信息技术的能力,二是使用信息技术进行学习的能力。

(二)加强信息技术课程与其他课程整合

信息技术课程与学科课程的整合不是将内容简单地混合起来,而是一种有机地结合。开设必要的技术课是基础,但更重要的是为学习者提供应用信息技术的情境,创设应用信息技术的学习环境,整合是有效的途径。整合是以信息技术为基础、为学习工具、为认知工具,以具体学科任务、研究课题来驱动学习过程,使学生充分发挥学习主体的作用,主动地利用信息技术获取、处理、加工信息,与他人进行广泛而深入的交流与协作,探索解决问题的方法,从而最终实现信息素养与学科教育培养目标的有效达成。

(三)通过综合实践活动来实施信息素养教育

信息技术教育是综合实践活动的基本形式之一,是综合实践活动的重要内容,作为一门独立的课程,综合实践活动主要是通过以下几方面来开展信息技术教育的。我们为什么要把信息技术教育作为综合实践活动来开设,其原因就是综合实践活动与信息技术结合彰显的巨大作用。

第一,综合实践活动回归生活世界,在问题活动中培养信息素养。信息技术只有与社会生活紧密结合，才能彰显出其巨大的价值。相反，信息技术与社会生活相脱离，将使信息时代、信息社会失去意义，而不复存在。学生是从属于时代和社会的，他们具有超常敏感的时代性、社会性，将学生的信息素养培养仅局限于课程、课本和学校的做法，割裂了学生与社会的必然联系，是不完整的，不利于学生的全面发展和进步。学生一方面参与社会政治、经济、文化、科技、环境保护等社会活动日益增多；另一方面，随着课程改革的深入，学生在参与课程（尤其是地本、校本课程及综合实践活动课程）建设与开发活动中，与社区、社会生活的联系日益密切，学生的社会生活面临着重新建构，其中发现问题、分析问题、解决问题的"问题活动"将成为学生社会生活的重要内容。在这些源于生活或贴近生活的"问题活动"中，信息技术的运用将实现学生个体与社会信息的重组与统一。同时，通过信息搜集、比较、概括等方法扩展、增殖信息，并在信息扩展与增殖的过程中，培养学生的信息素养。

第二，综合实践活动回归社会活动，在交流交往中培养信息素养。没有信息交流就没有群体、社区、社会。信息技术是信息交流的第一需要，信息技术的进步不但扩展了信息交流的时空，而且给人们带来了生活方式、工作方式、学习方式、人际互动方式的变化。[薛靖.人工智能背景下中学生信息技术教育浅析[J].科技经济导刊，2018，26（18）：148.]信息交流应当是信息技术教育的基本问题。学生是归属于一定社会群体的，其个体与他人、与社会有着千丝万缕的联系，具有鲜明的社会性、互动性。学生在实际交流交往活动中，建立了个体与群体、单向与多向、直接与间接、纵向与横向、跨时空与跨文化等多元交流交往。无论在合作学习、探究学习等学习活动中，还是在日常生活的伙伴与团体活动中，信息技术的运用将大大拓宽信息技术教育的范畴，把信息技术教育从单纯强调个体作为的个体活动中解放出来，融入广阔的社会群（团）体活动中，培养学生的信息素养，促进学生在信息社会的社会化。

第三，综合实践活动回归文化视野，在信息文化建构中培养信息素养。

在信息技术教育中，只强调技术能力而忽视人文观念，是不利于人的全面发展的，因此，信息技术教育理念必须提升到文化层面。站在文化视角，信息技术教育将有质的升华——从单纯的信息技能训练走向整体的信息文化素养积淀。传统的信息技术教育仅站在技术能力的角度，忽视与脱离了文化视野，影响了学生完整的信息素养的发展。学生正处于人生发展的可塑时期，我们必须在培养学生信息技术能力的同时，教育学生自觉遵守与信息活动有关的道德、法律、法规，健全学生的人格发展。

信息技术教育的实施受到信息技术教育实施环境的制约。信息技术教育实施环境可以分为以下三个部分，一是信息技术基础设施，二是教师教育，三是信息技术教育资源建设。信息技术基础设施建设是整个信息技术教育的物质基础，信息技术教育活动必须在一定的信息技术基础设施上建立起来。信息技术教育资源建设是信息技术教育活动的资源基础。信息技术教育的教师教育是信息技术教育开展的关键性因素。信息技术教育必须关注其学习环境的建设，建立良好的信息技术教育实施环境，才有利于信息技术教育的有效开展。

二、信息技术教育的实施

（一）信息技术教育的实施原则

如何提高信息技术教育的效果？相对于其他学科课程而言，信息技术教育有自身的特点，它的教学本身有自己内在的固有特征，把握这些内在的规律和原则有利于提高信息技术教育的有效性。

1. 打破模块，有针对性的教学

现在已进入信息时代，了解有关信息技术的名词、术语，已经成了一个公民应该具有的基本素质；是否掌握信息及信息处理的基本思想与方法，已经成了与读、写、算一样重要的基本能力。因而，让学生了解、理解或初步掌握有关信息技术的基础知识，就成了信息技术教育的一个重要目标。然而，由于受学生知识结构、认知水平、心理和生理特点的限制，不应一开始就向学生介绍系统的信息技术知识。

2. 任务驱动，学做结合

传统的观念认为学和做是两个过程，知识的获得和知识的应用是两个过程，必须先学了，先知道了，才能去做，去解决有关的问题。所以传统的教学方法是先按菜单进行讲解，把菜单上的项目一条一条地逐一介绍，学生听起来空洞、枯燥、无味，离生活、学习相距甚远。本来是学生最喜欢的东西，却让学生越来越感到乏味。

建构主义学习理论以及建构主义学习环境相适应的教学模式概括为：以学生为中心，在整个教学过程中由教师起到组织者、指导者、帮助者和促进者的作用，利用情境、协作、会话等学习环境充分发挥学生的主动性、积极性和创新精神，最终达到使学生有效地实现对当前所学知识意义建构的目的。

"任务驱动"就是将所要学习的新知识隐含在一个或几个任务之中，学生通过对所提的任务进行分析、讨论，明确它大体涉及哪些知识，并找出哪些是旧知识、哪些是新知识，在教师的指导、帮助下找出解决问题的方法，最后通过任务的完成来实现对所学知识的意义建构。

任务驱动的教学方式，是在问题解决中学习，教师针对所要学习的内容设计出具有思考价值的、有意义的问题，首先让学生去思考、去尝试解决，在此过程中，教师提供一定的支持和引导，组织学生讨论、合作，但这都不应妨碍学生的独立思考，而应配合、促进他们的探索过程。

3. 主动探索，充分发挥学生主动性

教学中教师不要直接告诉学生这是什么，为什么要这样，怎样去解决所面临的问题，要充分地相信学生，有的教师总是对学生不放心，总认为自己不说，学生可能就做不好，甚至不会做，其实学生的潜能是很大的，就等教师去发掘。而教师要做的就是向学生提供解决该问题的有关线索，对学生的自主探索提供方法指导，为学生构建向上攀爬的支架。学生通过自己在计算机上进行操作，体验成功与失败，正确评价自己的认知活动，从中获取对知识的正确理解，探求问题的最终解决办法。学生在遇到困难时，可以向教师、同学、书本、软件寻求帮助，以培养学生获取信息、鉴别信息、处理信息的能力。

4.互相帮助，加强协作

协作是建构主义学习理论的四大要素之一，学习者与环境的作用对知识意义的建构起着重要的作用。学生们在教师的组织和引导下一起讨论和交流，建立协作小组。通过合作完成一个共同的任务、小组成员之间讨论与辩论、结成伙伴、竞争等形式，使得学生的学习活动更加生动、活泼和丰富多彩。同学和教师都是促进学习的帮助者。教师可以促进学生的沟通，启发学生学会表达自己的见解，学会聆听他人的意见、理解他人的想法，学会评判、接纳和反思。通过这种协作和沟通，学生可以看到问题的不同侧面和解决途径，开阔了学生的思路，从而对知识产生新的理解。这样的协作学习，使学习者的思维与智慧可以被大家共享。

（二）信息技术教育的实施方法

首先要激发学生的学习积极性和兴趣。学生的兴趣和情感等心理因素对其认识过程会产生重要影响，当学生对所学的知识产生兴趣和积极的情感时，就会从内心迸发出向往和求知的强烈欲望，产生积极、主动的学习动机。学习活动就不再是一种负担，而是一种享受、一种愉快的体验，学习效果也会事半功倍。多媒体技术集声音、动画、图像等各种技术于一体，可以更好地刺激学生的各种感官，激发学生的学习兴趣。

其次是要创新教学方法。纯粹的信息技术知识琐碎而枯燥，如果不对教学内容和手段进行精心的设计，学生必然会产生"厌学"的情绪，要想让学生"爱学"，就要把信息技术知识有机地融入学生喜闻乐见的任务中。

再次是引入趣味方法。学生之所以爱玩游戏，有一个很重要的原因就是游戏具有挑战性，经过努力可以获得成功的体验。如打字部分的教学很枯燥，我们可以采用一个打靶游戏软件让学生练习指法，并对学生的成绩进行统计记录，做成名为"射手榜"的网页放在局域网上，每个学生都可以看到，鼓励学生挑战"高手"，并根据学生成绩对网页及时更新。掀起学生练习打字的高潮。

　　最后是鼓励参与，让学生在参与中体验成功。在教学中注意采用多种形式引导学生积极参与到课堂教学中。在参与中教师应该设置不同级别的教学要求。教师提出的任务可以分成基本任务和扩展任务，只要完成了基本任务就算完成了任务，让绝大多数同学体验到成功的喜悦，有助于提高学生参与教学的积极性。同时，扩展任务又为学生留下了探索的空间。参与性教育应该引入合作教学的机制，教学任务的提出要采用学生感兴趣的模式。例如，把教学任务的几个步骤采用"闯关"的形式，制作成 Flash 动画播放。将学生分成几个小组，哪个小组最先闯过关，就成为最终的获胜者。这可以极大地调动学生的积极性，同时也促进了学生的协作学习能力。

第四节　信息技术与学科课程的整合

《基础教育课程改革纲要（试行）》提出：大力推进信息技术在教学过程中的普遍应用，促进信息技术与学科课程的整合，逐步实现教学内容的呈现方式、学生的学习方式、教师的教学方式和师生互动方式的变革，充分发挥信息技术的优势，为学生的学习和发展提供丰富多彩的教育环境和有力的学习工具。

当代课程理论发展日益突破了学科中心的限制，强调课程和学生生活世界的联系，强调学生的经验和体验，强调课程本身的综合化。因此，实现信息技术与课程的整合是当代教育理论研究和社会发展的必然趋势，同时也是当代教育改革的重要突破口，特别是对于基础教育课程改革而言，更加具有深刻而长远的影响。

一、信息技术与课程整合的内涵

以计算机为核心的信息技术主要指多媒体计算机、教室网络、校园网和因特网等。信息技术教育与综合实践活动的整合，就是发挥新思想、新观念和新技术的优势，通过教与学把信息技术与综合实践活动融为一体，整合优质教育资源，把信息技术作为促进学生获取信息、探索问题、协作讨论、解决问题、自主学习和构建知识的认知工具与情感激励工具，促进信息技术教育与综合实践活动同步发展，提高教与学的效率，改善教与学的效果，促进传统的教学结构与教学模式的根本改变，从而达到培养学生创新精神与实践能力的目的。

所谓"整合"，是指在学科课程教学中广泛应用信息技术手段，把信息技术作为学生学习的认知工具和教师变革教学行为的工具，为课程提供资源、创设教学环境，使得信息技术与课程有机地融合在一起。可见信息技术与学科课程的整合不是把学科教学整合到信息技术中，而是把信息技术有机地融入学科教学中去支持学科教学、服务学科教学。因此，必须考虑结合学科教学的特点才能实现整合。信息技术作为一种工具，它同语言文字等工具具有相同的功能，应该共享和其他工具所共有的特征。

信息技术与课程整合，不是被动地纳入，而是主动地适应和变革课程的过程。信息技术与课程的整合，将对课程的各个组成部分产生变革影响和作用。确切地说，信息技术本身不能自然而然地引发课程的变革，但却是课程改革的有利促进条件。正是由于信息技术的快速发展，产生了学习革命，诞生了知识经济，才使人类迈入信息化社会。基于信息技术的现代教育技术与课程的整合本身就要求变革人的传统的课程观、教育观和教学观以及学习观等，应该尊重人的独立性、主动性、首创性和反思性、合作性。信息技术与课程整合将有利于营造新型的学习型社会，营造全方位的学习环境。

信息技术与课程整合的实质是课程信息化。在实践上它包括两方面：信息技术课程化和学科课程信息化。信息技术课程化研究把信息技术作为一门独立的课程，研究信息技术作为独立课程的目标、内容与评价。学科课程信息化是要把信息技术融入学科课程的各方面去，让学科课程内容信息化、课程实施过程信息化、课程评价信息化。

在综合实践活动中进行信息技术与课程整合是课程整合的一个重要组成部分，它是培养学生信息素养、协作能力等的良好方法。在综合实践活动中，教师应尽可能设置联系学生学习、生活和社会实际的有意义的"任务"情境，提出课题，让学生以小组合作的形式搜集信息、加工信息、应用信息，最后教师综合学生的调查情况，开一个报告会，对学生进行激励评价。

二、信息技术与课程整合的目的意义

信息技术与课程整合最高的目标乃是有效地改善学习。在信息技术没有与课程整合之前，学生的学习仍然进行，并能够取得一定的学习效果。信息技术与课程整合后，将有效地改善学习，革新传统的学习观念，改善学生的学习方式，改善学习资源和学习环境，构筑面向未来社会的学习文化。信息技术与课程整合可以提高教学质量，也可以在一定程度上提高学生的信息素养。计算机辅助教学则主要是为了提高教学效率，结果是有限度地提高了教学质量。

不同的学者对于信息技术与课程整合的目的意义提出了具体的看法。北京师范大学何克抗教授认为："信息技术与学科课程的整合——通过有效的整合可以建构出一种理想的学习环境。这种环境可以支持真实的情境创设，不受时空限制的资源共享，快速灵活的信息获取，丰富多样的交互方式，打破地区界限的协作交流，以及有利于培养学习者创造性的自主发现和自主探索。在此基础上就可以实现一种能充分体现学生主体作用的全新学习方式——例如，研究性学习与合作式学习。"因此，信息技术与课程相整合的过程是现代信息技术手段的运用过程，它必将伴随教育、教学领域的一场深刻变革。[黄盈.基于学生主体性的信息技术教育研究[J].魅力中国，2021，(16)：338.]

有的学者强调信息技术与课程整合可以实现教学方式的转变。新课程倡导自主探究学习方式就是要把学习过程中的发现、探究、研究等认识活动凸显出来，使学习过程更多地成为学生发现问题、提出问题、解决问题的过程。通过信息技术与课程的整合，就能促进教学内容的呈现方式、学生的学习方式、教师的教学方式和师生互动方式的变革。

北京电化教育馆潘克明对信息技术与课程及学科整合的目的归纳得较为全面、系统、科学，他认为信息技术与课程及学科教学整合的最终目的是：

（1）促进师生信息意识的树立。包括计算机文化意识；信息是人类赖以生存发展的重要资源意识；信息技术是当代劳动者必须具备的基本素养和技能意识。

（2）促进课程及学科内容结构的变革。如果充分发挥信息技术的开放性、交互性、共享性、协作性和反馈及时性等特点，可以改变现有课程结构的许多不合理性。

（3）促进学习方式的变革。包括使学生由依赖书本的学习转向利用资源的学习；使学生由记忆学习转向意义构建式学习；使学生由依靠教师的学习转向自主学习；使学生由按部就班的学习转向具有个性特征的跨越式学习；使学生由局限于校内的学习转向超越校园围墙的学习。

（4）促进教师教学方式的变革。包括教师的功能和作用要由"传道、授业、解惑"变为指导和帮助学生学会学习；使数字化的信息媒体由教师展示教学内容的工具变为学生的认知工具；使教师的主导地位和作用由课堂上的显性行为转变为课外教学设计中的隐性行为表现。

三、信息技术课程整合的基本原则

（一）任务驱动式的教学过程

课程整合以各种各样的主题任务进行驱动教学，有意识地开展信息技术与其他学科（甚至多学科）相联系的横向综合的教学。这些任务可以是具体学科的任务，也可以是真实性的问题情景（学科任务包含其中），使学生置身于提出问题、思考问题、解决问题的动态过程中进行学习。通过一个或几个任务，把相关的各学科知识和能力要求作为一个整体，有机地结合在一起。学生在完成任务的同时，也就完成了所需要掌握的学习目标的学习。

（二）信息技术作为学生的基本认知工具

在课程整合中，强调信息技术服务于具体的任务。学生以一种自然的方式对待信息技术，把信息技术作为获取信息、探索问题、协作解决问题的认知工具，并且对这种工具的使用要像铅笔、橡皮那样顺手、自然。

（三）能力培养和知识学习相结合的教学目标

课程整合要求，学生学习的重心不再仅仅放在学会知识上，而是转到学会学习、掌握方法和培养能力上,包括培养学生的"信息素养"。学生利用信息技术解决问题的过程,是一个充满想象、不断创新的过程,同时又是一个科学严谨、有计划地动手实践的过程,它有助于培养学生的创新精神和实践能力,并且通过这种"任务驱动式"的不断训练,学生可以把这种解决问题的技能逐渐迁移到其他领域。

(四)"教师为主导、学生为主体"的教学结构

在课程整合的教学模式中,强调学生的主体性,要求充分发挥学生在学习过程中的主动性、积极性和创造性。学生被看作知识建构过程的积极参与者,学习的许多目标和任务都要学生主动、有目的地获取材料来实现。同时,在课程整合中,教师是教学过程的组织者、指导者、促进者和咨询者,教师的主导作用可以使教学过程更加优化,是教学活动中重要的一环。

(五)个别化学习和协作学习的和谐统一

信息技术给我们提供了一个开放性的实践平台,利用它实现相同的目标,我们可以采用多种不同的方法。同时,课程整合强调"具体问题具体分析",教学目标确定后,可以整合不同的任务来实现,每一位学生也可以采用不同的方法、工具来完成同一个任务。

四、信息技术与学科整合的基本模式

在信息技术课程整合中,信息技术作为认知工具,教学的总体能力目标是一致的,即培养学生的信息素养和实践能力。但对于不同学科定位,信息技术的作用是不一样的,为此可以将信息技术课程整合分为三种基本课程模式。

(一)信息技术课程中信息技术作为学习的对象

信息技术课程作为一门专门的学科开设,主要学习信息技术的基本技能和基本工具的使用。然而,信息技术课程并不仅仅是简单地为了学习信息技术本身,还要培养学生利用信息技术解决问题的习惯和能力。因

此，同样要按照课程整合的理念，把信息技术作为一种工具，整合到实际任务中进行学习。这些任务可以是其他学科的知识，也可以是社会性的问题。教师在任务设计时要灵活创新，对于相同的知识点，在完成所要求的学科目标的前提下，要根据不同的学校环境、教师特长和社会背景等，创设不同的情景任务进行教学，不能拘泥于教材或参考书所提供的材料。

（二）与其他单一学科的整合，信息技术作为教学工具

学生在教师的组织下利用信息技术进行学习，信息技术完全为其他学科的教学服务。在这种整合模式下，教师和学生在信息技术的帮助下，分别进行教学和学习。首先，教师根据教学目标对教材进行分析和处理，决定用什么形式来呈现教学内容，并以课件或网页的形式呈现给学生。学生接受了学习任务以后，在教师的指导下，利用教师提供的资料（或自己查找信息）进行个别化和协作式相结合的自主学习，并利用信息技术完成任务。最后，师生一起进行学习评价、反馈。

在整个教学过程中，学生的主体性和个别化得到较大的体现，这样的教学氛围十分有利于学生创新精神和问题解决能力的培养。同样，教师通过整合的任务，发挥了自己的主导作用，以各种形式、多种手段帮助学生学习，进一步调动学生的学习积极性。

还有一种情况就是信息技术课程与多学科的整合。随着科学技术的发展，综合素质的高低已经成为评价一个人的重要标准。在学校教育中如何提高学生的综合素质已经成为当今教育所必须解决的一个问题。信息技术课程尤其要注重培养学生在不同的环境下综合运用信息技术的能力，以提高学生的信息素养。信息技术课程与多学科的整合在培养学生的信息素养方面有着不可替代的作用，它将不同的学科知识融入信息技术课程当中，让学生在复杂的环境中运用信息技术，进而能从更深层次去认识信息技术并综合使用它。这里的多学科并不是多个学科简单地混合，而是根据某一要点，将有联系的不同学科有机地结合起来。比如，以科学概念或科学观点为组织核心进行综合,用能量这个概念来综合物理学中的机械能、热能、电能,化学中的化学能,生物学中的生物能等一系列知识,从而形成一个能量知识体系;或者以重要现象或事物(水、大气、建设等)为组织核心,各学科相互联系地加以学习;或是以重大社会问题(环境、人口、资源、粮食等)为组织核心,综合不同的学科,形成综合性较强的问题等。将多学科的知识融入信息技术课程当中,让学生从多方面来运用信息技术进行学习,在解决综合性问题的过程中更好地掌握信息技术。

(三)研究型课程,信息技术作为学习工具

学生作为积极主动的学习者,以类似科学研究的方式,在信息技术的帮助下,获取信息、交流信息,并最终以电脑作品的形式完成研究任务。研究型课程中的整合任务,一般不是教材中的内容,而是课后延伸,甚至是社会现实性课题,如环境保护、旅游类问题等。

研究型课程超越了传统的单一学科学习的框架,它按照学生认知水平的不同,将社会生活中学生感兴趣的问题,以主题活动的形式来完成课程目标。学生通过主体性、探索性、创造性地解决问题,将多个学科的知识、学问性知识和体验性知识、课内与课外、学校与社会有机地结合在一起,最大限度地促进学生身心和谐统一地发展。从研究型课程的特点看,更加突出了学生的主体性和参与的过程性。整个研究的过程,从研究方案的形成、方案的实施,到最后任务的完成都由学生自主完成,而教师仅对学生选题、收集和分析资料的方法等进行一般性指导。

根据对国内外大量的信息技术课程整合实例的分析可以看出,信息技术课程与单一学科的整合过程一般包括以下几个步骤:选取学科→确定课题→制定课题目标→制定课题学习步骤→制定评价标准。

①根据所要达到的信息技术课程的目标和不同学科的特点,选取适合的学科。②确定课题。课题的范围和深浅难度要根据课程目标及学习对象而定。一般来说,如果课程目标是要让学生掌握信息技术的基本技能,

那么课题就要定得简单一点，同时所选的学科知识的难度也相对小一些。如果课程目标是要让学生掌握较为复杂的信息技术技能，学习内容涉及的范围较广时，课题宜与现实生活紧密联系，并且覆盖范围要大一些。③制定课题目标。课题目标指的是在课题学习中学生要完成的任务，制定课题目标要明确和详细，尤其要说明完成任务要运用的工具。④制定课题学习步骤。整个步骤要有灵活性，让学生参与进来，让学生开展小组协作学习和研究性学习，充分发挥学生的主动性，让学生对完成课题学习或者问题解决提出不同的看法和见解，并充分运用信息技术工具付诸实践。在这一过程中，教师不再像传统课堂中那样处于主宰地位，而是成为学生学习的辅助者、理论知识促进者，指导学生，对学生遇到的问题及时给予解决。⑤制定评价标准。根据课题目标制定评价标准。标准要客观，并且具有弹性，尤其要将对信息技术的运用程度作为一个标准。

那么，整合到底该怎么来进行呢？它涉及哪些具体的内容呢？

1. 物质层面的整合

世界范围内的教育信息化趋势，必须要求对现有的教育领域进行信息化的改造。而信息技术作为信息化实现的技术载体，对教育的信息化改造至关重要。就现实来看，信息技术作为一种辅助教学工具正日益渗透到教学领域中，如多媒体教学在各级各类学校中的应用方兴未艾。就目前来说，信息技术比较多的是以一种呈现、展示课程内容的面貌出现的教育信息的展示平台，而随着计算机智能技术的成熟，它将以一种智能化的教学平台出现，真正地实现个别化的教学，真正地成为学习认知和思维工具。

2. 精神层面的整合

（1）信息技术对传统文化教育三大基石的整合。与阅读方式的整合：从文本阅读走向超文本阅读；从纯文字阅读发展到多媒体阅读；同电子资料库的对话高效率检索式阅读。与写作方式的整合：从手写走向键盘、鼠标、扫描和语音输入写作；从纯文本写作到多媒体写作；从线性结构的构思与写作到超文本结构的构思与写作；与电子资料库对话的阅读与写作一体化。与计算方式的整合：从阿拉伯数字代码和十进制数学计算走向用基于0、1代码和二进制的数字化模拟和高速运算；文字的数字化使计算机从语言上升为文化，并将读、写、算融为一体；图像、声音、影视的数字化使人类进入虚拟仿真世界；使数字化成为人类把握历史、现实和未来的一种重要文化方式、生产方式、教育模式。

（2）信息技术对学习文化氛围的整合。信息技术文化使得学习者超越了只是信息的接收器与处理器的处境，而成为学习事件过程的参与者。使学习成为真正的现在进行时。学生由被动走向主动，从而打破教师在学习事件中的垄断地位。同时，由单向的传输变成双向的互动。信息技术的最大特征交互性充分地展示出来，教师和学生之间改变了原来的控制与被控制、传授与被传授的关系，取而代之的是教师和学生之间平等、民主的关系。教学模式从以教师为中心走向教师学生双主体的教学模式。信息技术成为摧毁旧有僵化和不民主教学体制革命性的力量。信息技术让平等、民主的文化氛围得以彰显。

（3）信息技术对文化内容的整合。一个信息社会的合格公民应该具有信息素养或称之为信息文化。信息技术已经成为信息社会的一种背景文化，成为我们新世纪公民赖以生存的环境文化。在其他学科的教育中，我们必然地要去渗透信息文化的培养。

3.学习内容的整合

把基础性的计算机知识和操作技能与任务驱动式教学、网上探究式教学结合起来，自编部分教材，制定新的课堂教学评价体系。我们可以以课外兴趣小组的方式，让学生自制网页，建立自己的网站；引导学生自己动手制作电子绘画作品，教他们制作简单的网页。

五、信息技术与课程整合的现实问题和解决办法

教育信息资源是教育信息化的核心。教育信息资源的匮乏是制约信息技术与课程整合的瓶颈，教育信息资源的缺乏主要体现在以下三方面：

（1）从现代教育技术发展历史来看，硬件、软件建设不同步的问题一直未能得到很好的解决，原因是多方面的，例如，未能对这一问题引起足够的重视，未能制定相关的政策来激励其平衡发展。更为严重的是，有些学校投入数十万，甚至上百万建成的校园网，建成后由于没有充足的教育资源做应用基础，往往是一个空设的物理结构，不能为教育教学服务，直接影响到信息技术与整合的发展。

（2）随着信息技术教育的蓬勃发展，不少软件公司看好教育这个大市场，投入到教育软件开发的大潮中，并且制作出了相当丰富的教育软件。但我们同时也看到，由于受软件制作周期较长、某些商业利益驱动等影响，其内在质量尚不能完全满足教育教学的需求，特别是有些软件，指导制作的教育理念落后，不能很好地应用于信息技术与学科教学的整合。

（3）为了弥补成品软件的不足，广大教师自制课件作为教育教学中的补充，其中不乏大量的精品。但受信息技术环境的制约，难以实现共享，推广更受到限制。实际上这也是一种智力和财力的浪费。

所有这些问题都严重制约了教育资源的发展，形成了整合的最大瓶颈。那么，怎样才能解决这些问题呢？

从硬件设施建设上，除了增加软件投入，坚持以"购买引进为主，自制补充为辅"的资源建设原则外，当务之急要解决好一个资源共享问题，让有限的资源发挥出最大的效益。当前，蓬勃发展的网络技术给我们提供了实现资源共享的天地。一个学校、一个乡镇或一个地区的教育资源可以通过网络传输达到共享。

教育领域，有大量的资源要共享，有大量的课件要播放，网络视频内容系统（VOD）日益成为教育教学的必需。从窄带发展到宽带，完成这些要求的城域教育网已向我们走来，城域教育网的出现，可以说开启了教育信息化的新纪元，

它是以网络技术为依托,以各种信息设施为支持,以教育软件和资源为基础,以实现现代化教育管理为目的,为区域教育提供全方位应用的信息化环境,是对区域教育的全新规划,是解决整合瓶颈的有效武器。城域教育网可以实现一个区域最大范围内教育资源共享的目的,是"校校通"工程中起龙头带动作用的系统工程,它必将带动校园网建设进入"快车道"发展,它还令与之相接的各处校园网减少资源建设的投资,令校园网的设施结构在一定程度上得以简化,还进一步推动了区域内办公自动化。面对新形势,我们正在着手建设覆盖全市所有学校的城域网,并且将城域网中包括的教学资源中心、教育管理中心、远程教育中心建设成可持续运营的系统。

从教师、学生和学校角度而言,信息技术课程整合这种新的尝试,将使教学内容、教学方法、教学模式等发生很大的变化。它是信息技术教育的一次改革。为保证这一改革的顺利进行,还需要在观念、教材内容以及教学方式和学习方式等方面实现转变或改变。

首先是观念的转变。观念的转变是实施信息技术课程整合的一个重要条件。在传统的教学中,信息技术课程要教给学生的仅仅是信息技术知识,它与其他学科没有什么联系,教师往往仿照传统教育中其他学科的教学,教给学生书本知识,将知识分解为不同的章节,教完这些章节就算完成了教学任务。而在信息技术课程整合当中,不仅要教给学生信息知识,更重要的是让学生掌握信息技术的运用,提高学生解决问题的能力和学习能力,提高学生的信息素养。它要求教师必须改变旧的观念,不要人为地在信息技术课程与其他学科之间划分界线,将信息技术课程与其他学科联系起来,将其他学科的知识有效地融入信息技术课程当中,更好地提高教学效率和学习效率,让学生具备不断更新知识、创造新知识的能力。这将有利于信息技术教育更好地发展。

其次是教材内容的改变。如上所述,信息技术课程整合是将其他学科的知识融入信息技术课程,使教师能教得更好、学生能学得更好。那么,信息技术课程整合的实施就必须改变当前的教材内容,取消各个模块,将信息技术知识综合起来,根据当前信息技术的发展和信息技术课程的目标以及学生的特点,结合其他学科的知识设置相关的课题内容,并且按照课题难度的大小安排学习的顺序和课时。

最后是教学方式和学习方式的改变。相对于传统的教学模式，在信息技术课程整合中，无论是教师的教还是学生的学都发生了很大的改变。教学方式由以教师为中心转向以学生为主体，教师作为学生学习的指导者、促进者。

第五节　信息技术教育课程资源开发

信息技术教育课程资源是课程得以实施的重要前提，而信息技术教育课程资源的开发是我们当前开展信息技术教育中的薄弱环节。因此我们要高度重视课程资源的利用与开发。

一、全面深刻理解信息技术课程资源的丰富性

对于信息技术在课程中意义的认识，决定了我们对于信息技术作为课程资源地位的认识。因此，全面深刻地理解信息技术作为课程资源在作用和层次上的丰富性，是我们多角度全方位开发信息资源的前提。

过去，很多教师对信息技术的作用和意义认识十分狭窄，仅仅把信息技术等同于上网查资料，把多媒体可见看成是电子黑板。实际上，随着信息社会的发展，信息技术在教育中扮演着越来越重要的角色。具体而言，信息技术在教育中有以下几方面的角色。

（一）信息技术作为教学中的演示工具

这是信息技术应用于学科教学最初的表现形式，是信息技术与课程整合的最低层次。目前，大多数基础教育和高等教育都采用这种方式。教师可以使用现成的计算机辅助教学软件或多媒体素材库，综合利用各种教学素材，编写自己的演示文稿或多媒体课件，清楚地说明讲解的结构，形象地演示其中某些难以理解的内容，用图表、动画等展示动态的变化过程和理论模型。这样，通过合理的设计与选择，计算机代替了幻灯、投影、粉笔、黑板等传统媒体，实现了它们无法实现的教育功能。

（二）信息技术作为个别辅导的工具

目前，有大量的操作练习型软件和计算机辅助测验软件，学生可以根据自己的实际情况选择适合的练习软件，在练习和测验中巩固、熟练所

学的知识，并决定下一步学习的方向，使软件充分发挥个别辅导的作用。

（三）信息技术提供资源环境

用信息技术提供资源就是要突破书本是知识主要来源的限制，用各种相关资源丰富封闭的、孤立的课堂教学，极大地扩充教学知识量，使学生不再只是学习课本上的内容，而是能开阔思路，接触到百家思想。

（四）信息技术作为交流协作的工具

将信息技术以辅助教学交流的方式引入教学，起到师生之间情感与信息交流的作用。计算机网络技术为信息技术和课程整合，实现协作式学习提供了良好的技术基础和支持环境。计算机网络环境大大扩充了交流协作的范围，学生可以借助 MUD、Email、BBS 等网络通信工具实现相互之间的交流。通过参加各种类型的对话、协商、讨论等活动，培养独立思考、求异创新能力和团队合作精神。

（五）信息技术作为研究开发的工具

虽然我们强调对学生的信息加工、处理以及协作能力的培养，但最重要的还是要培养学生的探索能力、发现问题和解决问题的能力以及创造性思维的能力，这才是教育的最终目标。在实现这个目标过程中，信息技术扮演着研究开发工具的角色。很多工具型教学软件都能为研究性的教学和学习提供很好的帮助。

二、信息技术教育课程资源开发的原则

原则规范着人们的行为，是正确行动的根据、尺度和准则。信息技术教育课程资源的开发与利用不是随意而行的，需要一定的原则来规范。信息技术教育课程资源的开发虽然要遵循一般的课程资源开发的原则，但是由于信息课程资源自身有着区别于其他课程资源的特征，我们认为信息技术教育课程资源应该遵循以下几个重要原则：

（一）开放性原则

信息技术教育本身要实现的目标就是提高信息时代人的信息素养，而

以网络为基础的信息社会的发展变化可以说是日新月异。信息技术教育就是要提高人们在信息的洪流中去创生、传播、选择和运用信息的能力。如果离开信息世界、离开网络来谈信息技术教育，这本身就是空洞的，因此我们必须依靠网络开放性的开发信息技术教育课程资源。

（二）经济性原则

信息技术教育课程的开设依赖学校的信息技术硬件设施建设，仅仅从多媒体教师和计算机机房的建设而言，对于大部分办学条件本来就不好的学校来说是非常大的开销，在教育投入总体不足的情况下，各个学校一定要本着经济实用的原则，量力而行地建设学校的信息技术硬件设施，充分发挥它们的功用，而不是在设备的质量和档次上盲目抬高要求。这对于农村和贫困地区来说意义更加明显。

（三）针对性原则

由于信息技术教育的课程资源对于社区的信息资源环境要求比较高。城市和农村所面临的信息环境差别很大，我们在书中所提到的很多方面的问题对于城市而言是很容易的，特别是各种实践性和探究性活动，离开社区信息资源中心的支持，是很难开展的。[李诚.利用信息技术促进学生心理健康教育[J].小学科学（教师版），2021，（4）：161.] 总体而言，农村孩子不可能像城市学生一样方便地运用以网络为主导的各种信息传播手段。很多在网络上开展的活动对于农村孩子来说是不实际的，因此，对于农村地区的学校来说，还是要从传统的信息渠道和信息手段入手，运用传统的信息传媒来开展信息观念的教育。

三、信息技术教育课程资源开发的主要途径

（一）加强信息技术教育的基础设施建设

"工欲善其事，必先利其器"，对于信息技术课程而言，必要的基础设施、基本设备是课程实施的物质基础。要配备能满足教学需要的计算机房、多媒体教室等设施；配备数量合理、配置适当的计算机和相应的

外部设备（打印机、投影仪、扫描仪等）；具备上网条件。对于城市学校而言，学校应该充分利用现在城市家庭上网的条件，加强和家长的沟通。在家长的监督和引导下，让学生通过家庭电脑上网，把信息技术教育的综合实践活动课延伸到家庭，通过家庭和学校的合作，更广泛地扩展信息素养教育的空间，从而引导学生更好地提高信息技术素养。

在管理和使用已有设施和设备时，坚持"面向教学"的原则，为各学科教师提供有效服务；注意提高学校现有设施、设备的利用率，学校的计算机教室、图书室或电子阅览室等要尽可能向师生开放；采取有效措施，加强学校与家庭、社区之间信息设备和信息资源的共享；充分发掘和利用当地图书馆、科技馆、博物馆、电视台、展览馆、信息中心以及其他可供利用的校外资源。

对于城市学校而言，要加强和社区内的上述信息资源中心的沟通和交流，与他们建立长期的合作关系，为学生从事信息技术综合时间活动和其他综合实践活动提供有力的支持，充分发挥学校教育和社会教育的合力。

（二）加强教学信息资源建设

教学信息资源建设是信息技术教育课程资源开发的核心和重点。信息技术课的教学信息资源包括两类，其一是数字化资源，如教学软件、专业资源网站等；其二是非数字化资源，如图书、报刊、录像等。对于信息技术教育而言，加强学校校园网的信息资源建设是开发信息技术教育课程资源的重点。

从学校和教师的角度而言。学校和教师要密切结合教学实际，收集、组织、开发必要的教学资源，建立不同层次、不同类型的资源库。在教学资源的建设中，应面向学生的需要，为学生自主学习提供更多的支持；应遵循相关技术规范，便于交流与共享；应充分利用网上共享资源，避免低水平重复开发。这里涉及一个重要的问题就是学校教务工作要打破过去教师独立备课的方式，建立教师联合备课的工作机制，使学校校园网络可以提供给学生本学校最优秀和最集中的教育资源，增强学生对于信息使用的效果，避免学生在信息搜集过程中的麻烦，从而更好地实现优秀教学资源的共享。教师应引导学生参与教学信息资源的收集、组织、开发，让学生在参与资源建设的过程中学习。

在信息技术教育课程资源建设中，教师要拓宽对于课程材料的理解，而不是停留在过去教材、教学参考书的简单层次上。实际上，在信息时代，课程的材料日益丰富，课程材料是对教材的超越，既包括教材，还包括"学材"，既包括课本，还包括课本分析、教学指南、学习指南、补充材料、多媒体材料和网络材料等。这也可以叫作"教学材料"，但是不能简称为"教材"。

课程包是电化教育的产物，随着信息技术的发展越来越受到人们的重视，含义也在逐步丰富和发展。课程包概念的发展，以电子课本、课件、教学包、学习包等概念的发展为基础，以数字压缩技术和互联网技术的飞速发展为现实条件。电子课本，并不仅仅是电子化的课本，而是以信息技术为工具开发的超越时空的多媒体课本，具有字、音、形、色、义等的合成性、动态性以及可再生性等特点。现代课程包主要包括电子书包及其支撑资源和技术体系，后者又分为本地（学校或者社区）课程材料库、远程网络课程材料库和课程材料整合技术平台。电子书包就是师生在教育活动中专门使用的电子化书包，主体是承载着各种主要的数字化的课程材料、教学用具及其操作软件体系的微型电脑。"本地课程材料库是将课程材料以信息化形式储存在硬盘、光盘或局域网服务器上，包括多媒体材料库、学习单元库和题库。多媒体材料库是以知识点为基础，按照一定检索和分类规则组织的素材资料库。它包括文本、声音、图形、动画、视频、公式等多种素材资源。它是课程包支撑资源体系的主体部分，是课程包着力建设的部分，发展的基本方向是网络化。学习单元库是把多媒体化的课程教学材料按照一定技术进行设计的适用于教师和学生教学活动的程序集，包括微教学单元、学习游戏、程序等。题库包括例题库和试题库。"

  远程网络课程材料库是将网络上可调用的远程资源作为课程资源库。一个学校、一个地区、全国乃至全世界的教学信息网络资源都可以在教授、学习和教学中利用一台个人电脑作为终端机通过网络进行检索、下载与重组，也可以将本地课程材料以 HTML 格式上传到 Web 服务器上，供师生们下载使用，在增加资源利用率的同时，还使课程资源处于时时更新的状态。我国教育部现在正大力建设一些学习网站，并准备把网址向全社会公布，这些网站就是典型的远程网络课程材料库。

  课程材料整合技术平台是教师和学生选取、组合、加工并使用课程材料库展开教学活动的技术支持环境及应用环境，具体体现为技术、手段、方式、方法在课程中的自觉运用。除了诸如投影仪、录像等一些常规的电教手段之外，还有基本的软件开发工具、资料呈现方式库、教与学策略库等。

  对于教育行政主管部门而言，要充分发挥其组织和协调作用，重视信息技术课程教学相关网站的开发、应用与管理，为信息技术的学习创设丰富、健康、安全的网络环境。在课程资源开发中，要加强教师与教师间、学校与学校间、地区和地区间的协作和互助，通过联合实现资源共享。过去，各种链接互联网的教育教学网站数量上可以说十分多，但是这些网站大都是各个学校独自为阵，没有意识到发挥不同学校和教师之间的联合优势。现在，各个区县或者是市一级的教育行政主管部门已经开始重视对于本地区信息教育资源的整合，最主要的是从信息技术和学科整合的角度给广大教师和学生提供了一个交流的平台，同时给学生提供了丰富的信息技术课程的资源。当然，相对于英语资源在网络上的优势地位而言，我们的教育资源还是十分匮乏的，而教育信息资源就更加匮乏。因此，我们应该从更大的范围和更深的程度上实现教育信息资源的集中和整合，进一步丰富网络教育信息资源。

(三)全面提高教师队伍信息素养

教师是教育活动中最为活跃的因素,教师队伍的信息技术素养水平不高是制约信息技术教育开展的重要因素。主要体现在两方面:第一就是从事专门的信息技术教育的教师数量不足,很多农村学校根本就没有专门的信息技术教师,都是由一些其他学科的教师半路出家来担任;第二就是其他各学科教师的信息素养水平与信息技术教育发展要求的差距十分明显。很多教师对于信息技术素养的认识非常肤浅,认为只是信息技术教师的事情,与自己无关,这样的教师自然也不会把心思花在提高自己的信息技术素养上。有的教师虽然能够认识到信息技术素养的重要性,可是由于自身在知识结构上的缺陷,不能有效地将信息技术教育与自己的学科教育实现整合。对于信息技术的运用顶多就是处于"电子黑板"的水平,不能综合利用信息技术于备课、课件制作、课程整合等环节。所以,加强教师队伍的信息素养教育是全面推进信息技术教育的重要途径。

(四)加强信息技术教育教师队伍建设

各地区、各学校应制订相应的师资建设计划,并采取有效措施加快信息技术教师队伍建设的步伐。要开展多样化的教师培训,鼓励和组织教师参加进修、学历教育等国家和地方的教师培训,规划和开展持续的校本培训;要通过案例培训、参与性培训等多种多样的教师培训模式,持续提高信息技术教师的信息素养和信息技术教学能力;要鼓励教师积极参与各级各类信息技术教研活动,不断提高教学研究能力和自我发展能力。

(五)把信息技术教育作为教师继续教育和全员培训的重要内容

在教师的全员继续教育中,各级培训机构要把信息技术教育作为一个重点。当然,对于教师信息技术教育培训的内容不能简单地停留在技术操作的层面上,要根据时代的发展和变化不断地赋予教师信息技术教育培训新的内容。当前教师信息技术教育培训的重点:一是要让教师深刻理会和认识在综合实践活动中开设信息技术教育对于学生素质发展的意义，提高教师对于信息技术地位和作用的认识；二是要提高教师对于信息技术的运用与学科教学的能力，使教师能够充分领会学科教学和课程整合的意义，并且能够从技术操作的层面有效地实现各个学科和信息技术的有机整合，运用网络和各种技术工具，开发各个学科的课程资源，充分发挥信息技术在推动基础教育课程改革、提高基础教育水平的技术积极作用；三是要提高教师对于学生信息技术实践活动的指导能力，将综合实践活动中学生的主动参与和教师的积极引导有效地结合起来，更好地发挥综合实践活动在提高学生信息技术素养中的作用。特别是要提高教师对于综合实践活动的规划与设计的技能；组织、管理与协调的能力；教师自身的探究与问题解决的能力；收集和处理信息的能力。只有这样才能够使教师有效地完成对学生实践活动的全过程指导，包括对学生活动主题、项目或课题确定的指导、活动过程中的指导、总结和交流阶段的指导。

第四章 学生管理机构与队伍建设

第一节 高职院校学生管理机构的设置

一、高职院校学生管理机构应遵循的原则

一般来说,设置大学生管理机构应遵循的原则主要有以下几方面:

(一)系统整体的原则

大学生管理工作是学校这个大系统中一个重要的支系统,这个系统的管理目标与学校的培养目标是一致的,即"维护高等学校正常的教学、工作和生活秩序,保障学生身心健康,促进学生德、智、体诸方面发展"。具体地说,就是要对学生的思想品德、专业学习、体育锻炼、劳动实践、课余活动、行为组织、生活起居以及分配就业等问题进行全面管理。因此,大学生管理系统是个多因素、多层次、多系列、多功能组成的结构群体。这个结构群体中的各要素、各系统、各层次间存在必然的内在联系,要素和结构整体是不可分离的。因此,整个大学生管理系统组织结构中设置的任何一个部门、任何一个管理层次、任何一个管理序列,都必须注意它们之间的功能联系及其同整体管理效能的关系。否则,必然导致整个系统管理作用的减退和管理功能的紊乱。因此设置大学生管理机构必须依据系统整体原则,深入分析了解各学生管理机构和它们的构成因素在整个学生管理工作中的地位和作用,以及分析它们之间的相互

依存、相互制约、相互促进的关系，寻求学生管理机构的最佳组合，将各级、各类、各环节的学生管理活动协调于学生管理系统的整体行为之中，不断推进大学生管理向机构体系最佳状态发展。

目前，我国绝大部分高等学校内部领导体制是党委领导下的校长分工负责制。大学生管理的机构设置从系统整体这一原则出发，就必须做到设立的管理机构系统与学校内部领导体制相适应，避免学生管理工作因多头领导而造成指挥系统紊乱。同时，要注意消除机构重叠、工作重复的弊端。至于职能分散，则是在某些机构完成同样的职能时反映出来的。当然，另外一种情况同样是系统整体原则所不容许的，即某种职能总是从机构所担负的责任中漏掉，或者被排斥在所设置的机构之外。只有依照系统整体原则来设置学生管理机构，使各机构职能范围清楚、责任明确、功能彼此相对独立而互补，才可能建立一个从上到下的强有力的工作系统，从而有利于避免学生管理工作中多中心的混乱状态，达到对学生的成才全过程进行有秩序管理的目的。

（二）层次制与职能制结合的原则

层次性是所有事物组成的普遍规律。高等学校的大学生管理系统中有校、系、年级、班、组这样几个层次，层次制指的就是学校这种纵向划分的方法。职能反映的是管理机构的各个系统可能的活动领域，反映的是某些性质不同的工作集合，这些工作的开展为实现系统的最终目标提供保证。

从学校一级来看，学工委办公室（学生处）、教务处、总务处、宣传部、团委等就是职能单位，在学生管理系统中，它们从不同的角度对学生进行管理。考察合理的学生管理机构设置，应该从职能制角度出发，但也不能忽视层次制。在设置学生管理机构时，必须考虑到，在其他条件相同的情况下，层次的增加会导致所需处理的信息量的扩大，领导者负担过重，会增加系统内活动相互配合的困难。而且随着管理层次和每一层管理内容的增加，便会出现由于管理过程复杂化而造成效能下降的情况。

目前我国大学生管理机构设置的普遍情况是层次越高，职能制单位越多；层次越低，职能制单位越少，但直接管理的对象却越多。因此，根据整体原理，机构设置中要有全局观点，要考虑到上下左右的联系沟通，使机构减少到最低限度，便于低层次中建立起相应的机构，使职能制与层次制相结合，互相补充，以取得最佳管理效果。

（三）职、责、权相一致的原则

机构设置与人员配备坚持职、责、权一致的原则，是发挥部门职能作用和使其协调一致的关键问题。职是职务、职能，责是责任，权是指依据职能、任务所赋予的权力。职责应有明文规定，并与权相一致。

明确每一机构的职能，使在其中任职的工作人员都能与他们的技能水平和能力相等是非常重要的。要严格地确定和分配职能以保证各机构对自己所完成的全部任务负责，并达到精简不必要机构的目的。在设置机构和安排职务时应该本着任人唯贤和人能相称的原则，因事而择人，安排适当人员，合理地分配任务，使职责统一，并按履行责任的需要，授予相应的权力，做到各个机构、各个部门都要有分工负责，要从上到下建立岗位责任制。明确各管理层次和职能的职责范围、权力界限，使每个工作人员都能各司其职、各尽其责、各善其事。而且要严格岗位责任制的考核，以纠正过去职责不清、赏罚不明的现象，形成一个有效的、有秩序的学生管理新格局。

这里要注意的一点是，在职责过分具体化和工作人员任务过于狭窄的情况下，也会束缚他们主观能动性的发挥，甚至在发生突发事件时，丧失有效管理的可能性。因此，对每一机构和每一工作人员来说，责权一致过程中，重要的是要确立他们所履行的职能的适宜性和特殊性程度，这同样是保证管理机构符合责权一致原则的前提。

（四）集中管理与民主管理相结合的原则

集中管理与民主管理可以说是当代大学生管理的两个不可分离的组成部分，它们互为前提。只有高度集中，学生管理工作才有高效益，但也只有充分发扬民主，才能更有利于保证管理过程的高度集中。因此，大学生管理的集中化和民主化的相互关系在管理机构实际履行职能过程中得以体现，它在很大程度上预先决定着能否达到系统所要实现的目标。集中管理的主要任务是根据学生管理工作的特征，做出统一的管理战略决策。

在垂直联系的系统控制之下，常常是学校最高层领导人的责任范围被适当地扩大，他们不仅被授权做出管理战略方面的决策，还参与具体管理活动，留给他们处理重大问题的工作时间很少。随着学生管理系统的复杂化程度和管理信息的扩大，具有较强机动性特点的较低层次，尤其是系一级的学生管理活动就日益具有更大的价值。

因此，集中管理与民主管理结合原则的意义就在于设置或调整学生管理机构时要使管理机构内部的权力和责任进行相应的重新分配，尽可能地把战略性职能和协调性职能与具体的管理活动分开，在形成或改造管理机构的过程中，适当调整不同层次机构在学生管理工作中的参与决策，实施管理方面的作用。而且，在整个管理机构系统内，除了建立健全决策，执行系统外，还要建有监督、咨询和反馈系统，使整个管理组织具有良好的控制能力。

集中管理与民主管理相结合的另一个意义是，在设置大学生管理机构时，要建立起符合民主原则的管理机构和管理制度。要充分发挥管理对象，即大学生本身在管理中的作用。过去有的学校对学生管理效果不佳的重要原因，就是没有遵循民主管理原则，把学生当成消极被动的管理对象，在工作中单纯采取限制、压制和惩办的手段。而要保证民主管理的实现，就必须通过不同的形式，吸收学生参与管理，使学生会和学生代表大会等学生自己的组织真正成为学生管理工作的有效监督系统和反馈系统，甚至在一些学生管理机构中也可吸收学生代表参加。这样，形成大学生管理机构系统在集中领导下的民主气氛，使学生管理工作达到最佳管理效果。

(五) 因校制宜的原则

大学生管理机构设置方式在不同的学校，由于其所处的社会环境，它自身的历史发展，以及学校的类别、任务、规模、条件、学生来源、领导力量、管理人员素质及校风、学风等各种因素的差异，不可能达到相同的管理效果。即使是同一学校、同一机构内，由于管理者的素质及工作作风的不同，也可能产生各具特色的、多样化的管理效果。因此，各校学生管理机构的设置，只能因地制宜、因校制宜，在统一要求下，从实际出发，实事求是，根据工作需要，研究设置管理机构。一般来说，中等规模的学校与小规模学校的机构相比，可能更需要一种完善的学生管理机构，至于大规模学校的机构则更应该从上到下地加以周密考虑。组织机构的设置，各校可根据教育部划定的大原则、大框架结合本校自身特点，进行慎重而周密的试验，不断总结经验，不断探索，逐步摸索出适宜本校并能达到最优管理的学生管理机构设置方案。

二、大学生管理机构结构的形式与机构的设置

从理论上可以归纳为"直线型""职能型""直线—参谋型""直线附属型""矩阵结构"等形式。目前，多数学校采用的是"直线—参谋型"或"矩阵结构"形式。"直线—参谋型"的结构形式是把大学生管理人员划分为两类：一类是直线指挥人员，如校、系负责人，他们拥有对较低层次学生管理部门实际指挥和命令的权力，并对该组织的工作负全部责任；另一类是职能管理人员，他们是直线指挥人员的参谋，作为直线领导的参谋和助手，他们只能对指挥系统中的下一级管理机构进行业务指导，而不能对他们直接进行指挥和命令。"直线—参谋型"的最大优点是它的上下级关系很清楚。这种结构形式中的职能机构，是按照一定的职能分工，担负着学生思想、教学、行政、生活等方面的管理任务，职能机构通过各自分管的学生管理任务，对有关管理工作起着业务指导和保证作用。

具体说来，职能机构担负着以下职责：向领导提供有关情况和报告，

提出建议和方案，供领导决策时参考；监督下级机构对上级领导的指示、命令和有关计划的执行、检查执行情况，以便更好地贯彻领导的指示和意图；协助各级领导，具体办理学生管理业务，为下级管理机构创造完成任务的保证条件，在业务上指导和帮助下级组织。"直线—参谋型"结构领导关系简单，能始终保持集中统一指挥和管理，避免了机构系统中多头指挥和无人负责的现象，因此，学生管理方面出现问题就可以一级找一级直到问题解决；同时，各级领导人员有相应的职能机构做参谋，可以充分发挥其职能管理方面的作用。但是，事物之间除了纵向联系外，还存在着横向联系，"直线—参谋型"的结构形式在实际执行中也有明显矛盾。

由于该结构系统的客观原因，在一系列组成单位中不得不分散管理职能，这样，当管理建立在把一切工作形式明确地独立出来和对职能有明确分配的时候，这种管理活动的每一个参与者就都能够明确目标。然而，虽然它们都是按照学校统一计划、统一部署进行工作，但由于分管不同业务，观察和处理问题的方法、角度各有侧重，彼此间往往会产生矛盾。此外，在这种结构系统中，垂直联系高于一切，解决与战略任务并存的、大量的具体管理问题的任务和权力聚积在上层，如伙食问题、寝室问题等具体问题经常压倒一系列长远任务，而且使在系统发展过程中所产生的新任务的解决发生困难。

因此，需要有这样一些管理机构，它们能较好地适合于学生管理系统发挥作用，在较特殊的情况下，能有效地协调各方面的职能，而"矩阵结构"管理系统就是这样一种结构。在这种结构范围内，不是从现有的隶属等级立场出发，而是集中在所有形式的管理活动整体化和改进这些活动形式的协调动作上。因为只有这样，才能创造条件有效地促进管理目标的实现。例如，为了加强对学生的思想政治教育及对学生的全面管理，为了开展评先奖优活动，在党委和校长领导下成立的学生工作委员会、奖学金评定委员会、毕业生分配委员会、群众体育运动委员会等，都是按照专项分工，把各职能部门工作从横向联系起来，形成全校学生管理工作的矩阵组织结构。

矩阵组织结构的特点是：纵向的是"直线—参谋型"组织形式，按层次下达任务，各有关职能部门按其职责范围，分别按层次贯彻学校的学生工作计划；横向则是由职能部门抽人组成的，按其专项任务分工的组织，这些组织中的人同时接受职能部门的主管和专项主管的双重指挥。这些纵向的矩阵型结构有机地结合在一起，互相配合，对学生工作进行综合管理。

在这种结构形式下，原有管理结构仍然是完整的，但实质上，管理结构的权力关系和它各个部门的职责却发生了变化，即把做出决定的责任和对执行情况的监督归为专项工作组织，而职能部门则从系统所要求的信息、管理工作的实施和其他方面来保证系统实现其管理结果。学校领导可从一些非原则性的日常问题中摆脱出来，并可以提高管理结构的中间层、较低层次的灵活性和对解决问题的质量的责任感。

在具体机构设置方面，我国各大学的学生管理机构设置是多种多样的。传统的机构设置方式是党委、行政并行发展。有的学校在党委领导下设立学生工作部作为党委管理学生工作的职能部门，力图把学生管理工作统一抓起来。但由于学生工作部是党委分管思想教育的职能部门，不具备行政管理功能，因此，招生、学籍管理、毕业分配等具体的学生管理工作仍需由行政系统的教务处、人事处等负责，结果形成一场学生管理"接力"，教务处负责把学生招进学校，学生工作部组织实施思想政治教育，最后由人事处来进行分配。

有的学校则设立学生工作处作为分管校长下属的从事学生管理工作的职能机构，把学生从入校到毕业分配全过程的管理工作统一起来。但在目前我国高职院校实行的校长分工负责制体制下，设置学生工作处也未能解决思想政治教育与管理工作脱节的问题，而且有时还会以管理代替教育，削弱学生的思想管理工作。因此，有的学校直接采取学生工作部与学生处并存，甚至采取合二为一的机构设置方式。这样的机构设置，从整体来讲，学生工作高度集中统一，思想教育与学生管理融为一体，工作效能比较高。但是，这种党政合一的机构设置也存在某些不合理因素，而且作为一个职能部门，试图把分散、多头的学生管理工作统一起来，在客观上仍然是较难做到的。

最近几年，有的大学出现了由党委和校行政委派组成一个专司学生工作的综合性机构——学生工作委员会。它的主要职责是对学生管理工作进行整体协调，对学生的思想管理、学籍管理、行政生活管理等管理工作进行决策，对学生工作的经验进行总结、交流、推广。在学生工作委员会下设办公室（或学生工作处）作为自己的办事机构，通过该办事机构使学生工作委员会这个综合性机构处于相对稳定状态，把各职能部门所承担的学生管理工作整体化，形成一个紧密联系的、封闭的管理体系。

根据这一指导思想，各系成立相应的学生工作领导小组，全面领导和协调本系范围内的学生管理工作，各年级成立由辅导员、班主任及有经验的任课教师参加的学生工作小组，协调本年级的学生管理工作。通过校、系和年级学生工作委员会和领导小组的作用，把传统的以纵向直线为主的管理系统，分层次地从横向上联系起来，形成学生管理机构的矩阵结构体系。部分大学经过实践，感到这种学生管理机构设置有四方面的好处：第一，符合简政放权原则；第二，学生管理工作有了一个强有力的统一指挥机构，整个学生管理工作的计划、实施、检查、总结成为一个体系，符合科学管理原则；第三，大大减少了管理上的一些不好现象，符合高效管理原则；第四，信息反馈比较灵敏而且方向稳定。

学生管理工作委员会与职能部门固定机构相结合的大学生管理机构设置，在实践中表现出它的优势，很可能是我国大学生管理机构设置的发展趋势，如何充分发挥所设学生管理机构在新时期大学生管理工作中的作用，还有待于在管理实践中不断完善。

第二节　高职院校学生管理工作队伍的建设

大学不仅要有高效合理的管理机构、严密有效的规章制度，更要有一批精明能干的管理干部，依靠他们的积极性和创造精神去工作，有了这几方面的完美结合，大学生的管理工作才能取得理想的管理效果。可以说，管理大学生一切工作的支撑点在于管理干部。最大限度地调动和发挥广大学生管理干部的能动性，形成目标高度一致的管理工作集体，组织以人才培养为中心的协调的、高效率的、有节奏的管理活动，是大学生管理工作的实质，其核心是建设一支素质高、结构合理、战斗力强的大学生管理队伍。

一、高职院校学生管理队伍建设的意义

（一）在管理的本质和职能的体现上，大学生管理队伍起着决定性作用

大学生管理是高等学校管理工作的主体，是从管理上保证高等学校完成培养四化建设合格人才的一项系统工程。它直接关系到学校的安定团结，关系到正常秩序的建立，关系到能否教育学生抵制错误思潮和不良风气，以建立良好的校风学风，促进学生健康发展、自觉成才。

高等学校学生应当具有坚定正确的政治方向，热爱社会主义祖国，拥护中国共产党的领导，积极参加社会实践，走与工农相结合的道路；应当具有为国家富强和人民富裕而艰苦奋斗的献身精神；应当遵守法律、法规、校规、校纪，有良好的道德品质和文明风尚；应当勤奋学习，努力掌握现代科学文化知识。这体现了社会主义大学生管理的本质，适应了社会主义政治、经济对大学生管理工作的要求。

然而，学生管理的社会主义方向能否坚持、管理目标能否实现，直接起决定作用的是管理干部。由于大学生管理是以人的集合为主的系统，

其管理工作充满着教育的特点，因此，管理干部在学生从入学到毕业的在校阶段的学习、生活、行为的全过程中发挥着不可替代的组织、领导、督促检查、控制、协调、指导帮助和激励、惩罚等方面的作用。可以说，在学校这个培养人才的系统中，无论从诸因素的相互关系去分析，还是从各个工作环节去分析，作为以教育者为主体的管理干部，始终处于主导地位，涉及学生成长的一切工作是通过他们进行的，学校工作的成果、培养人才质量的好坏，归根到底也依赖于他们。当前，随着改革开放不断深入，各种文化思想、新旧观念的冲突，造成了部分学生思想的不稳定，因此，加强科学管理尤为重要。而管理干部，特别是领导干部在体现大学生管理的本质和职能上起着决定性的作用。

（二）在学校人才培养目标的实现和各种教育要素的构成上，管理队伍起着骨干作用

学校工作应以培养人才、促使青年学生健康成长为中心。大学生管理的目的也在于全面实现高等教育的目标，概括讲，就是提高管理水平，促进人才素质的提高，使大学毕业生能主动适应社会主义现代化建设的需要。

大学生管理的基本要素有四个：一是管理对象，二是管理队伍，三是管理内容，四是管理手段。在四个要素中，虽然管理对象是管理活动的主体，但是开展管理活动的主力却是管理队伍。管理对象要靠管理队伍教育培养，管理内容要靠管理者去制定，管理手段要靠管理队伍去运用和改革。任何先进的管理手段，都只能作为辅助工具，不能代替管理队伍。

换言之，学校的一切工作，包括正常的教学、生活秩序的建立和维护，学生良好行为习惯的养成，严谨、科学、优良作风的培养，德、智、体诸方面的全面发展，都需要管理队伍去精心决策、计划、组织、指挥和控制。而且，随着国家建设的需要，高等学校培养人才的任务日益繁重，可以说是以往任何时期不能比拟的。而改革过程中新旧体制胶着对峙的状态导致不同社会利益矛盾大量存在，有的还趋于表面化，最突出的问题是形成了议论多的难点、热点。这些改革动态过程中出现的问题，无一不在社会的晴雨表——大学生身上反映出来，国内国外各种势力也都把自己的希望集结在大学生身上。所有这些都增加了大学生管理工作的复杂性和困难性，因此，时代对大学生管理队伍的要求也越来越高，大学生管理队伍在学校人才培养目标完成上的作用也越来越重要。

（三）在大学生管理规律的掌握和管理原则的贯彻上，管理队伍发挥着主导作用

管理队伍对管理的本质和职能的决定作用，以及完成管理任务时的骨干作用，都是管理队伍在大学生管理工作中的主导作用的体现，而发挥管理队伍在培养人才工作中的主导作用，又是管理过程中掌握管理规律和贯彻管理原则的需要。

管理过程是学生在管理工作者指导下认识客观世界的一种特殊的认识过程。在此过程中，存有多层次多方面的关系、矛盾、规律，而管理队伍与学生两方面的活动乃是管理过程中最主要的活动，发挥管理工作者的主导作用和调动学生自我管理的主动性和积极性乃是主要矛盾和主要规律。尽管管理过程中还有其他各种关系，诸如思想管理、行为管理、智育管理、体育管理、美育管理方面的关系，管物与管人的关系，学生管理与教师管理的关系，管理者的素养与管理效果的关系，管理效果与管理者对大学生心理特点、思想特点认识程度的关系，以及宏观方面的学校教育和学生管理与外部世界的关系等，但是，这些关系、规律都是从属于管理过程总规律的。为了正确地反映和掌握这些规律，实现一定的管理目的，管理工作者经过长期的探索，提出了一系列管理原则：诸如，为社会主义现代化培养合格人才的原则，实事求是、一切从学生实际出发的原则，系统综合管理原则，管理与教育相结合原则，民主管理原则等。

在这些原则中，发挥管理工作者的主导作用和启发学生的主动意识，与培养学生自我管理能力相结合应成为中心环节，而在管理工作者与学生这对主要矛盾中，管理工作者又是矛盾的主要方面，因为这些原则的贯彻归根到底还要靠管理工作者去发挥主导作用，还要靠管理工作者全面掌握和运用，进行创造性劳动，去启发学生配合管理，积极主动地按照德、智、体、美、劳全面发展的人才标准进行努力。

（四）在改革开放时期，大学生管理队伍发挥着特殊作用

高等教育的培养对象不同于普通教育，大学生的生理特点和心理特点不同于中学生，他们的心理特点和思想特点是由他们所处的社会环境和他们地位的变化、学习活动的变化以及生理变化所决定的，社会政治、经济乃至社会舆论和社会生活方式对大学生的影响是很直接、很密切的。

社会主义新时期大学生管理工作已不是一般地培养良好思想、良好行为习惯，而且还担负着系统地向学生进行马克思主义教育，特别是辩证唯物主义和历史唯物主义教育，坚持正确的导向，不断提高学生的政治免疫力，努力创造良好的内部环境的重任。在加强对学生思想教育的同时，要严格大学生管理工作，使学生不断增强历史责任感。显然，在社会主义新时期的大学生管理工作中，管理工作者不仅在提高教育质量方面发挥着普遍作用，而且还日益显示出在学生成才导向方面的特殊作用。所有这些都充分说明、建设一支各方面素质良好、战斗力强的学生管理队伍，是办好社会主义大学的一个重要措施。

二、高职院校学生管理队伍组织建设

目前，在我国高职院校中直接从事大学生管理工作的队伍主要由年级辅导员和班主任组成。年级辅导员大都由青年教师或少量高年级学生、研究生来担任，其中包括一部分专职从事思想政治工作的青年干部，班主任则全部由教师担任。另外，在校、系两级还分别有一部分干部专职从事大学生的学籍管理、行政人事管理和思想管理工作，他们分别在大学生管理机构中担任一定的职务或是作为具体的工作人员。

从整体看，从事大学生管理工作的这支队伍，熟悉业务、熟悉学校环境、熟悉整个大学生管理工作规律、熟悉学生生理心理等方面的特点，而且有干劲、有热情，能积极开展学生管理工作的研究，在学校管理工作科学化、规范化、现代化等方面不断跨出新步伐、取得新成果。但是从目前实际的学生管理情况和新时期国家对大学生管理工作的要求来看，这支队伍仍明显不适应需要。高职院校的学生管理工作，除专职的学生管理工作者外，广大的业务课教师以及学校行政、教辅人员，也应是此项工作的承担者。不管教师或教辅、行政人员本人是否认识、是否承认，"教书"以及学校的其他管理工作都在起着"育人"的作用，都对学生思想品德、言行情操起某种规范、导向作用，这是不以人的主观意志为转移的客观规律。但由于各种原因，高职院校专业课教师中，能比较经常、比较自觉地管理教导的人还是少数，大部分人除了上课，其他管理、教育工作都推给了学生管理干部。由于高职院校学生管理工作队伍的力量是如此，也就不难理解高职院校学生管理工作为什么容易出现某种程度的宏观失控、微观紊乱的局面，也就不难理解大学生管理工作为什么多年来成为牵动全局的大问题。

加强专职学生管理队伍的建设，并不是简单地追求数量的增加。正确的方针应该是在保证相当数量基础上的少而精，使学生管理干部向这方面的专家方向发展。因此，要纠正过去那种认为学生管理干部只要能领学生劳动、打扫卫生就行的错误思想，要纠正把学生管理干部当成"万金油"的错误倾向，有必要对高职院校现有的专职管理队伍进行适当的调整充实，对一些政治上、思想上不合格以及部分能力偏低、难以胜任工作的人另行安排工作，把那些有事业心、有组织能力，政治觉悟高、业务好的同志充实到学生管理工作岗位上来。同时，要积极从高职院校的学生管理专业、第二学士学位班中培养专职学生管理干部，从优秀的毕业生或研究生中选留有志于学生管理工作的同志充实管理队伍。加强专职学生管理队伍的建设，还要求建立独立于专业教师外的专业技术职务晋升体系，大胆果断地破格提拔他们当中的优秀分子，放到工作第一线的关键位置上去锻炼，使他们从亲身工作中体验到成长和进步，一旦这样的机制形成后，这支队伍就会越来越精、越来越强。

建立一支专职的学生管理队伍，能保证大学生管理工作的连续性、稳定性。但是，学生管理工作是多因素、多序列、多层次结构的综合体，与过去相比，管理的内容和形式都发生了很大的变化。可以说，一个学校，只要有学生，就有管理工作。无论从时间角度，还是从空间范围而言，学生管理工作无处不在、无时不有。显然，学生管理任务单靠少数专职管理人员是很难完成的，因此，必须建设一支庞大的兼职学生管理工作队伍。

所谓兼职学生管理工作队伍，主要是指由专业教师或其他职工兼任的年级辅导员、班主任、学生导师，一般做法是从本校教师中，也可从研究生或本科高年级学生中以及学校其他政工干部或管理干部中选拔聘任。教师兼职从事学生管理工作，不但是因为他们与学生有天然的师承关系，对学生有较大影响力，而且因为在与学生的接触中，他们能及时准确地掌握学生的思想、情感、个性等方面的变量，可以从管理的角度给学生指点方向。因此，把学生的教育管理工作渗透于业务教学之中是完全可行的。

高等学校职工，尤其是直接接触学生部门的职工，在某种意义上都是大学生的管理者。这些职工若都能配合学校的管理目标，从各自的工作实际出发，协助做有关的学生管理工作，那就会使管理队伍在更广阔的领域得到延伸，使其成为学生管理工作的新"能源"。

现在关键的问题在于，高职院校必须用政策去调动广大专业教师和其他职工兼职从事学生管理工作的积极性，调动他们教书育人、管理育人的工作热情。因此，高职院校必须在具体工作中，真正体现出在工作的评估、职务的聘用上，把是否兼职从事学生管理工作，以及是否教书育人、管理育人作为一个硬性指标，既有定性的评估，又有量化的考核，以此激励广大教职工积极投身到学生管理工作中去。

加强大学生管理队伍的组织建设，还意味着要加强有着浓厚学术性的学生管理、咨询、研究力量的配备工作。这些工作既要面对学生中涉及的政治、历史、人生观、价值观和精神卫生、行为规范的问题，又要为学校领导做好调研工作，起到某种智囊团的作用，即通过他们自觉地用党的方针政策、用教育理论和教育科学衡量学生管理工作，促使学生管理工作科学化，并经常研究学生管理工作的周期性、规律性，促使学生管理程序规范化，以取得最佳管理效果的方法来改进管理过程。这一方面的力量主要来自有相当理论基础的教师和有丰富学生管理经验的专任干部。

三、高职院校学生管理队伍制度建设

高职院校学生管理队伍制度要求为大学生管理工作的高效、高质开展提供人员、队伍方面的保证，可以说，它完成了大学生管理队伍建设方面的"硬件"建设。但是，一支优质的大学生管理队伍，还要靠不断提出新的要求，制订工作规划，进行组织培养，才能不断提高管理队伍的思想水平、管理能力和学术水平。因此，必须加强大学生管理队伍建设方面的"软件"制度建设。

长期以来，许多地方和学校对大学生管理队伍的制度建设并未给予足够重视，认为有没有制度都可以工作。因此，在学校里普遍存在大学生管理干部定编紧、补缺难、提升慢、待遇差的状况。而且，大学生管理工作缺乏明确的工作目标和职责范围，人们往往把与学生沾边的工作都推给大学生管理干部承担，结果造成工作任务分配不均衡。学生管理干部整天忙于应付各种差事，很难集中主要精力研究如何改进学生管理工作。

为适应新形势对大学生管理工作的要求，必须确立大学生管理队伍的职责范围，建立有关规章制度，使大学生管理队伍建设规范化和科学化，使大学生管理工作在最有效的、最可靠的、最佳的状态下进行。

大学生管理队伍的制度建设包括的内容有：大学生管理干部工作岗位责任制度、大学生管理干部工作评价监督制度、大学生管理干部的晋升

考核制度、大学生管理干部的培养进修制度、大学生管理干部的淘汰制度等。这些制度中，工作岗位责任制度和评价监督制度必须首先明确。

（一）高职院校学生管理队伍的岗位责任制度

大学生管理队伍的工作岗位责任制度就是把学生管理工作的有关规定、要求、注意事项具体落实到每个管理者的一种责任制度，它使得每个管理工作者都有明确的分工和职责，并可为评价每个管理工作者的成绩提供依据。各层次的大学生管理队伍的工作岗位责任可大致划分以下几点：

校学生工作管理委员会主任肩负着统一指导和协调全校学生管理工作的重任，他要根据学校党委和行政学期工作计划，制订全校学生工作的学期计划，同时在学期内根据不同年级的不同特点，对阶段性的学生管理工作进行组织、安排和实施；定期分析学生思想动态，为党委和校长对学生管理工作的决策提供准确的材料；安排全校学生管理干部培训，并与人事处一起组织和落实学生管理干部的专业职务评定工作；根据全校学生管理工作的总体要求，协调全校各部门学生的思想教育、后勤服务、学籍管理等工作。

校学生工作委员会办公室（或学生处）主任在学工委领导下主管全校学生行政管理和思想教育工作。根据学工委的决定协调有关管理机构的学生管理工作，并积极配合、组织和检查基层学生管理工作；负责奖学金、贷学金的管理、评定、调整和发放；主管招生和分配工作；协助教务处进行学籍管理，办理退学、休学、复学和转学手续；检查和维护教学、生活秩序和纪律；统一处理学生来信及来访工作；掌握全校的学生统计工作。

系学生工作组组长在系党总支和系主任领导下，组织实施学生的学习活动和学生管理；认真组织和安排好政治学习和形势教育任务；抓好学生党团的思想建设和组织建设；指导和支持年级辅导员、班主任开展工作；协助班主任做好学生操行评定、"三好"评比工作和毕业生分配工作，并努力掌握学生思想特点和发展变化规律，探索学生管理工作的经验。

年级辅导员负责统筹本年级或本专业学生日常思想政治教育和有关的学生管理工作，在系党总支领导下，组织好年级学生的政治形势教育、新生入学教育以及学生在劳动、实习、军训、毕业分配中的思想政治教育工作；负责协调安排本年级学生的社会实践及课外公益等活动；根据本年级具体情况，制订学期工作计划，检查、指导班级计划实施情况；对学生的升留级、休学、复学、退学、奖惩、奖贷、品德评定、综合测评、毕业分配等工作提出具体意见；开展对工作对象、任务、方法等课题及有关理论的科学研究工作。

班主任是学校委派到班级指导学生学习，负责学生管理工作，并配合党团组织和年级辅导员开展学生思想教育和管理工作的教师。班主任要坚持四项基本原则，用爱国主义和共产主义思想教育学生；引导和督促学生，指导班级开展各种学习活动，帮助学生改进学习方法，不断提高学习效率，并起到教与学之间的桥梁作用；全面了解和掌握学生情况，做好本班学生的品德评定，德、智、体综合测评，评定奖学金、贷学金、困难补助、年度鉴定及毕业生鉴定等工作，做好班干部的选拔、培养和指导工作；指导学生的课余生活，加强学生的集体观念，培养团结向上的好班风。

导师由忠诚于人民教育事业、责任心强、品德高尚、教学经验较丰富、学术水平较高的讲师以上教师担任。导师工作侧重于学生专业学习的指导和学术思想的熏陶，兼顾思想政治教育工作，努力把思想政治工作深入专业学习的全过程，在对学生专业学习启发指导的同时，进行思想政治上的疏导；发现和推荐优秀学生，并向系提出破格培养的建议；全面关心学生，每年对所指导的学生进行考核，写出评语。

在建立具体的岗位责任制度时，应详细说明某一职位的大学生管理干部在任期内必须开展的工作有哪几方面，每一项工作要达到什么程度。而且，这些内容必须是有实践基础的，必须切合实际。

（二）高职院校学生管理干部的评价监督制度

开展大学生管理干部的评价监督具有多方面的作用：首先，确定大学生管理工作的质量标准，建立科学的评价指标体系；其次，评价监督制度能使大学生管理干部找出差距，增强自我调节的机能，在优化整个大学生管理工作的同时，发挥自己的特长和优势，努力创造出管理工作的新水平；再次，它能调动大学生管理干部的工作热情，促进职能部门之间的竞争，有力地调动大学生管理干部的积极性；最后，实行评价监督制度能够为决策机关在决定管理工作者的职务晋升、薪金（包括奖金）调整、人事调动时提供科学合理的依据，避免凭个人印象决定、论资排辈依次轮流等不合理做法，从而提高大学生管理干部的工作积极性。因此，无论从加强管理队伍建设方面说，还是从强化管理工作者的素质、能力和工作责任感说，都必须积极开展管理队伍的评价监督工作。

开展大学生管理干部的评价监督工作，最关键的是建立有量和质概念的管理工作评价监督体系。一般而言，建立该体系应遵循以下几条原则：

1. 方向性的原则

评价干部的目的在于促进大学生管理工作的规范化、科学化，引导大学生管理干部立足现象，顾及长远，为培养社会主义建设所需的专门人才这一总目标高速、高效、高质地工作，力争大学生管理工作的最优化。

2. 可比性的原则

即评价的对象及其评价项目的确定必须有可比性，使评价项目有着基本相同的基础和条件，使各人之间可以按评价项目进行量和质的比较；同时，评价指标本身要尽可能量化，以期在更细的程度上求得同质和可比。对难以量化的指标则进行定性评议，使定量评价和定性评价有机结合起来，从而尽可能真实地反映出一个人的工作状况。

3. 科学性的原则

评价指标体系应能客观、真实、准确地反映各管理干部工作现状、成绩和水平。各级管理干部的管理工作相对独立而复杂，如年级辅导员，其工作范围非常广泛，建立指标项目不可能面面俱到，只能抓辅导员职责范围中的主要工作和集中反映辅导员工作成绩和水平的重要环节。

4.可行性的原则

大学生管理干部工作评价指标体系应在不妨碍评价结果的必要精确度和可能性前提下，尽可能做到简要明白、简便易行，从而便于评价人员掌握和运用。

根据上述几条原则即可制定出一份与大学生管理干部岗位责任制相符的、定性定量相结合的、侧重于定量的评价指标体系，并要求各层次干部按其职责和评价目标开展工作，尽职尽责地把工作做好，这是开展评价活动的出发点和最终目的。

第三节　高职院校学生管理工作者的素质研究

　　一个学校，能否把学生培养成为充满朝气的，有开拓精神和创新精神，德、智、体、美、劳全面发展的"四有"人才，在很大程度上取决于各级学生管理干部的素质。高职院校需要那些能够遵循教育规律，按照党的方针政策办事，熟悉大学的教育、教学活动和学生思想状况，具有一定马列主义素养，掌握一定的专业知识、管理知识、教育管理知识，作风正派，处事民主，事业心和责任感强，大公无私，富有创造精神、科学精神和自我牺牲精神的德才兼备的管理工作者来进行管理。因此，必须大力加强学生管理队伍的素质培养，努力建设一支思想过硬、作风扎实的科学化、高效率的学生管理队伍。

一、大学生管理工作者素质修养的重要性

　　社会政治经济环境的不断变化，不仅引起了人们经济生活的重大变化，而且也引起人们生活方式、思维方式和精神状态的重大变化。这些变化促使高职院校学生管理系统中两个活跃因素——管理干部和青年学生空前地活跃起来，形成了管理活动中最有生机而又不甚稳定的因素。

　　随着现代科学技术文化的迅速发展，诸如网络等社会传播媒介的作用不断加强，高职院校学生管理活动也将受到越来越大的冲击。在这种形势面前，若只用传统的管理思想、管理方法、管理手段去进行经验管理，势必会遇到不可克服的矛盾，因此，高职院校学生管理工作者必须加强素质修养，完善自己的知识结构，更新工作理念，改进工作方法，以提高管理效果。

　　（1）大学生管理工作是培育人的工作，必然要求管理工作者首先具有较高的素质修养。高职院校的根本任务就是为社会主义建设培养大量德、

智、体、美、劳全面发展的人才，毕业生将成为社会主义建设各条战线上的骨干力量，他们的政治思想素质、精神状态将决定国家和民族的未来。大学生管理工作者和教学工作者一样都肩负着重要的使命，广大管理工作者必须善于研究学生思想和行为的活动规律，既要善于掌握学生共有的思想活动规律，又要了解不同学生不同的思想活动规律；既要了解学生共有的心理活动，又必须了解不同学生千变万化的心理活动，并根据学生思想和心理活动的共性和特性，有的放矢地开展管理、教育工作。

显然，大学生管理工作比一般管理工作复杂得多，也困难得多，它必然要求学生管理干部有较高层次的素质修养。如果他们的水平跟不上实际需要，他们在学生中的威信就不会高，工作也将难以开展。任何管理工作都需要特殊本领，有的人可以当一个最有能力的革命家，却完全不适合做一个管理人员。要管理就要内行，就要精通生产的一切条件，就要懂得现代高度的生产技术，就要有一定的科学修养。一个好的业务教师不一定是个好的管理干部，而一个好的管理干部必须是一个好的教师。因此，管理工作者一方面要进一步提高对管理工作的认识，下决心选拔品学兼优的毕业生和业务教师来充实管理队伍；另一方面要加强素质修养，努力学习掌握自己所从事工作必需的科学知识和业务知识，并逐步掌握、精通其客观规律，成为学生管理工作的专家。

（2）学生管理是个"言传""身带"的过程，必然要求管理工作者全面加强素质修养。在学生管理工作中，"言传"是很重要的，如果没有马克思主义的基本理论和党的教育方针以及有关大学生管理制度规定的宣传、教育，就不可能有学生的自觉的规范行为。

但是，大学生管理系统作为"人—人"管理系统，与"人—机"系统的根本区别在于，它的工作对象是一个个有思想、有个性的朝气蓬勃的青年人，青年人的特点是愿意获得教益，"身教"重于"言教"。如果没有管理工作者的率先垂范、身体力行，"言教"就成为"说教"，就不可能有多好的效果。因此，学生管理工作者不仅要具有较高的思想理论素养，而且还要有良好的作风和品德修养，在这些综合素养基础上形成自己的人格魅力，来吸引学生、教育学生，真正使自己既是教育者又是实践者，从而达到良好的管理效果。由此可见，一个十分注意自己思想意识和道德品质修养，注意理论学习和吸收新的知识，不断地改造自我主观世界，不断完善自我知识结构，不断改善管理工作方法的人，必然是一个深受广大学生欢迎的、卓有成效的管理工作者。

（3）新形势、新环境下的学生管理工作，必然要求管理工作者的素质修养具有时代精神。应当承认，在改革的时代，许多新的管理内容、管理形式和管理方法，在还没完全学会的时候，实际生活又为我们提出了许许多多新的理论、新的问题需要去探索。管理者的管理对象也在发生变化，现代的大学生较以前年代的学生来说，他们的政治素质、文化水平、专业知识正在不断地变化和提高，他们对社会生活的介入越来越深，他们的思想、观点及成果同社会进步、国家兴衰有着至关重要的联系。因此，这种情况给大学生管理工作带来了一定的难度，需要他们进一步加强管理的预见性、警觉性、原则性、示范性，需要更新观念，跟上时代，增加知识，提高本领。

目前，党和国家要求大学生管理工作要联系实际，要渗透到专业教学中去，使行为规范化成为学生的自觉行为，要和思想教育紧密结合，要努力创造一个和谐、健康、向上的育人环境，要有处理突发事件的能力等，所有这些，都使大学生管理工作具有很大的开拓性。毫无疑问，这对大学生管理工作者的素质修养提出了更高的要求。

应当说，大多数学生管理工作者是具有良好的素质修养的。但是，即使是对马克思主义理论已经了解比较多的、无产阶级立场比较坚定的人，也必须要再学习，要接受新事物，要研究新问题。提高素质修养是永无止境的，大学生管理工作者要以一个日益发展的现代世界为坐标来看待人们素质修养的提高，要及时调整工作姿态和知识结构，及时而科学地吸收人类创造的精神文明，使自己具备自我调节、变革自身的能力，不断地进行素质结构的新陈代谢,具有强烈的时代精神,在提高学生的思想、政治、文化素质方面积极地发挥应有的潜能作用。

二、大学生管理工作者提高素质的基本途径

加强学生管理工作者的基本素质培养,不仅是个人修养问题,而且直接关系到这支队伍的管理效果和威信。因此,提高学生管理工作者的素质修养,是高等学校的一项长期任务,也是加强学生管理工作,更好地培养"四有"人才的当务之急。

要提高学生管理工作者的素质,使学生管理工作提高科学化水平,除了需要管理工作者本人勤于读书,勇于实践,善于总结,不断追求素质的自我完善外,更需要各学校从战略高度认清提高学生管理工作者素质修养的意义,积极探索能达到目的的有效途径。

(一)开展全员培训

学生管理工作涉及因素很多,是一个复杂的大系统。要完成这种具有强烈的科学性和探索性的学生管理任务,学生管理工作者的素质从总体上来说,就不能仅仅具有文化知识和一般的管理经验,还应具有相当高的管理科学、教育科学以及有关学科的理论素养,具有一定的科学研究的实践锻炼,具有一定的调查研究、系统分析、理论研究的能力。

要想提高大学生管理工作者的素质,必须通过全员培训的途径,对在学校中从事学生管理工作的干部,不论何种学历、职务、年龄、职别,不论在何种岗位,都要无一例外地进行管理素质的培养、提高。首先,全员培训包括上岗前的基础培训,这是为取得学生管理岗位资格服务的;其次,经过一段管理实践之后进行人员的培训,以便从广度和深度两方面增加管理业务知识,进一步提高管理水平;最后是研讨性的培训,主要用以解决知识和理论的更新问题,通过研究讨论,促进学生管理工作者素质的提高。

（二）应用理论学习与研究实践相结合的方法

理论学习与研究实践相结合的方法，要求学校一方面能提出学生管理工作中需要探索研究的课题，鼓励广大学生管理工作者踊跃选择课题、组织立项研究，并对立项研究的课题提供必要的理论书籍、文献资料，为学习有关理论创造必要的条件；另一方面，制定学生管理改革的研究立项和研究成果的评审、奖励制度，在评定优秀成果时，要审查其立论的理论依据以及理论飞跃的科学性，以此激发广大学生管理工作者有针对性地学习有关科学理论的积极性。另外，还可经常开展理论咨询、讨论等多种活动，组织学生管理工作者分析学生管理过程中出现的实际问题，总结实践经验，进行理性概括。这样，就有可能通过研究实际问题提高学生管理工作者的理论修养和各方面的素质水平。

（三）加强考核制度，实施奖励政策

对学生管理干部要定期考核其管理知识和相应的专业知识，考核其管理工作的技能和管理实践能力，形成其不断提高自身素质修养和管理水平的外在压力，对于一些在学生管理岗位上进行学生管理研究并取得成果，同时在管理实践中做出成绩的同志，授予相应的技术职务；对干部晋升，不仅依据其已有的工作成绩，而且还要有高水平的综合素质修养要求，并以此来测定和推断其对新的重任所可能承担的最大系数。对在学生管理领域的研究工作中取得显著成绩和优秀成果的管理工作者，应与取得其他科研成果的工作者同等对待，给以相应的表彰和奖励。

三、大学生管理工作者的素质要求

（一）具备思想政治素质

这是高职院校学生管理工作者应该具备的最基本的素质，具体包括以下几方面：

1. 立场问题

所谓立场，就是一个人在观察和处理问题时所处的地位和所抱的态度。学生管理工作者所从事的大学生管理工作是培养人才的工作，是一项政治性很强的工作。因此，学生管理工作者必须坚定地站在无产阶级立场上，忠诚党的教育事业，全心全意为人民服务；必须在思想上和政治上与党中央保持一致，做好学生的教育和管理工作。

2. 思想观点

它与立场是统一的，一定的立场决定一定的观点。只有确立坚定的立场，才能更好地去观察、研究和解决问题。这就要求其必须树立正确的思想观点，坚持全心全意为人民服务，以党的群众路线为基本观点，这是做好学生管理工作的可靠思想前提。

3. 政治品质

其主要表现是：忠于党和人民，在任何情况下，坚持革命原则，对人对事不带个人成见，不以个人好恶为转移，襟怀坦荡，光明磊落。有没有高尚的政治品质对于学生管理工作者来说不仅涉及个人的组织性修养，也直接关系到能否按党的政策，把广大学生好思多学的积极性引导到正确的轨道及团结到党的周围。

4. 政策水平

主要指认识党的政策、理解党的政策、执行党的政策的水平，就是能够按照党的政策结合学生实际情况正确区分和处理不同性质的矛盾，正确区分政治问题、思想意识问题、认识问题和一般学术问题的界限，有效地做好学生管理工作。

（二）具备知识素质

学生管理工作既有理论性又有实践性，管理的对象又是具有较高文化素质和丰富知识的青年学生，因此，大学生管理工作者在总体上必须有相当高的知识水平。具体来说，学生管理工作者的知识素质包括四方面：

（1）马克思主义的理论基础。高等学校是各种政治思想、学术观点集中反映的地方，当代大学生往往又具有思想活跃、勤于思考等特点，他们愿意接受真理，但服理不服压，他们涉猎的知识面比较宽，但由于受社会阅历等限制，政策水平、理论修养、判别能力较低。

因此，学生管理工作者只有努力学习马克思主义基本理论，"不唯明字句，而且得精神"，自觉而牢固地以马克思主义的立场、观点、方法去指导管理工作，才能在各种思想观点面前目光敏锐、明辨是非、站稳立场，也才能引导青年学生坚持四项基本原则、坚持社会主义的改革方向。

（2）学生管理方面的知识。要掌握一些管理的科学与艺术，掌握管理的技术和方法；要了解教育学、心理学、社会学等学科的知识，使自己具有决策、计划、组织、指挥等实际管理能力；强调管理方面的专业知识，就是要求"行管理"。学生管理工作者应努力学习，提高自己管理专业知识方面的基本素质，提高自己的管理才能，逐渐使自己成为合格的管理者。

（3）尽可能了解与学生专业有关的基础知识，掌握教学规律。有条件的还可兼任一些教学工作，如"两课"的教学或专业课的教学，从而有利于学生管理与业务学习有机地结合起来，并建立威信。

（4）与学生兴趣、爱好有关的知识，如文学、史学、艺术、体育等学科知识。当代大学生喜欢从一些人物传记、格言和文学艺术作品中找到自己的影子和楷模，学生管理干部运用这些东西可帮助学生加深对问题的理解，也能与学生有更多的共同语言，使管理工作更有成效。

（三）具备能力素质

这是指以马克思主义为指导，运用各种知识，独立地从事管理工作，开拓前进，解决现实问题的本领。对大学生管理工作者来说，他们的能力素质，最集中地体现在管理能力上。在复杂的环境下，这种管理能力在两方面表现得十分突出，具体如下：

一是综合能力。管理工作者面对的是为数众多、情况各异的大学生，这些大学生由于家庭环境、个人阅历、政治面貌、品质性格、志趣爱好以及年龄上的差异，他们对社会、学校、家庭等各种事物的反应也就不同，从而构成了千差万别的思想，并在学习、生活等方面反映出来。

二是分析研究能力，包括调查研究能力和理论研究能力。调查研究能力主要指深入学生之中,掌握第一手材料,经过分析和综合研究,全面掌握大学生情况的能力。理论研究能力主要是指结合实际工作独立进行分析研究,并使之上升到理论的能力。通过研究,找出管理工作的规律性东西,以推动学科的发展,指导管理工作。

(四)具备道德素质和性格修养

大学生管理工作者具备高尚的道德素质和良好的性格修养,不仅对做好管理工作本身大有益处,而且能够对青年学生产生教育作用,且其意义更为重大。学生管理工作者必须能为人师表,要谦虚谨慎,勤勉好学,实事求是,作风正派,办事公正,吃苦在前,享受在后,待人热忱,举止文明,从他们的言行中,广大青年学生就能汲取良好道德品质的营养。

高职院校学生理论水平较高,认识能力较强,他们对管理者的工作有相当的评价能力,从这种意义上说,学生管理工作者经常处于被彻底剖析、被严格监督的地位,经常会听到严肃的批评意见,有时也会产生歪曲的评价,因此,管理工作者只有胸怀坦荡,宽容虚心,经得起批评,才能提升管理工作能力。

第五章 高职院校学生管理的内容与方法

第一节 高职院校学生干部管理

高职院校学生干部是学生中的骨干。帮助学生干部认识自己所扮演的角色及其特点，有助于其带头作用、骨干作用和桥梁作用的发挥，把同学紧密地团结在一起，勤奋学习，刻苦钻研，锐意进取，成为社会主义建设事业的合格人才。

一、高职院校学生干部的概况

（一）高职院校学生干部的含义

高职院校学生干部虽然与一般领导干部有着较大的区别，但仍然具有一般领导干部的本质属性。因此，高职院校学生干部就是充分调动同学的积极性和创造性去努力实现培养德、智、体、美、劳全面发展的建设者和接班人这一宏伟目标的集体成员或个人。

（二）高职院校学生干部的特点

一是队伍庞大。依据高职院校学生组织的设置要求，所配备的学生干部人数众多，一般要占学生总人数的1/3以上。例如，一个学生班通常为30人，一般设有团支部委员会、班委会和班、团小组。团支部委员会由3人组成，即团支部书记、组织委员、宣传委员；班委会由5人组成,即班长、副班长、学习委员、生活委员、文体委员;班、团小组长3人,团小组即为班行政小组,团小组长兼任班行政小组长。再加上担任校、系两级学生干部的,一个班往往有11~15人是学生干部。这一特点是由高职院校学生活动内容广泛而丰富的内在联系所决定的。

二是人才齐备。高职院校学生干部是经过高考筛选后再筛选,来自全国各个地区的尖子,有能歌善舞的,有酷爱美术和体育的,等等。这为高职院校学生干部顺利、生动地开展工作,带来了一个十分优越的条件。

三是热情高。高职院校学生干部都是20岁左右的热血青年,体力、精力充沛,对未来充满美好的憧憬,敢想、敢说、敢为。但是,他们毕竟是年轻人,缺乏实际经验,往往在其热情中又存在盲目性,应及时地加以指导和教育。

四是联系同学紧密。由于客观环境的作用,使得高职院校学生干部始终与同学同吃、同住、同学习,朝夕相处,形影不离。学生干部最了解同学,同学也最了解学生干部。学生干部的一举一动,同学都看得清清楚楚,这给学生干部工作带来了许多方便。学生干部可以及时地了解同学的利益要求、思想动态等,以便制订出有效的工作计划,采取有力的工作措施,可以使学生干部的工作直接地接受同学的监督和检查,及时修正工作中的不足或失误,以便把工作做得更好等。

二、高职院校学生干部工作的概况

(一)高职院校学生干部工作的含义

高职院校学生干部和高职院校学生干部工作是两个既有联系又有区别的概念,不能混为一谈。所谓高职院校学生干部工作,是指高职院校学生干部运用一定的工作技巧和方法,按照一定的职责权利范围,充分调动本校或系或班或小组同学的积极性和创造性去努力实现培养德、智、体、美、劳全面发展的建设者和接班人这一宏伟目标的过程。这个过程包括确立目标、预测决策、制订计划、指挥执行、组织协调、指导激励、沟通信息、监测反馈、过程调控、工作评估，等等。

（二）高职院校学生干部工作的特点

一是执行性。高职院校学生干部和其他同学一样都是学生，处于受教育阶段，在法定上还没有承担高职院校管理决策的社会责任，同时缺乏应有的高职院校管理决策能力，因而，虽然积极参与学校的管理活动，但不能做最后的决策。所以，高职院校学生干部工作的重要任务是贯彻执行和落实学校党政领导下达的各项工作任务。当然，在保证执行、贯彻和落实学校党政领导下达的各项工作任务时，要积极思考，富有创造性，采取各种行之有效的方式和方法去完成它，不能像油灯一样，拨一下，亮一下。

二是广泛性。高职院校的一切工作都是围绕学生展开的，同时，又要通过学生干部工作这一环节落到实处，因而，高职院校学生干部工作必然要涉及高职院校工作各方面，从而使其内容丰富而广泛。从总体上来讲，高职院校学生干部工作包括思想政治教育工作和日常事务管理两大方面。具体来说，在思想政治教育工作中，要组织经常性的大量的党团政治活动，诸如，政治学习、讨论，发展党员和团员，举行各种竞赛活动以及做好大量的经常性的个别思想教育工作等等。在日常事务管理中，要抓校风校纪的建设、业务学习、文体活动、生活卫生等。

三是具体性。高职院校学生干部工作十分具体。例如，落实学校领导下达开展"学雷锋户外活动"的具体任务时，学生干部要做出详细的计划和安排，把"学雷锋户外活动"的具体任务分派到人，并且自始至终地参加活动的全过程。

四是复杂性。高职院校学生干部所做的一切工作就是要求同学按照学校的要求和规范去做，而人的行为是受思想支配的。这就是说，要使同学按照学校的要求和规范去做，必须做好同学的思想工作。人的思想活动具有极大的隐秘性，要打开同学的心灵之窗并非易事。此外，年轻的大学生（当然包括学生干部本身在内）世界观还不成熟，还缺乏观察分析周围事物的正确方法，因而纷繁复杂的社会现象反映到同学脑子里，就会产生各种正确的和不正确的形形色色的思想观念。要帮助同学去掉头脑中那些不正确的思想观念，就必须找到产生不正确思想观念的根源。但是，往往由于人的思想活动的隐秘性，很难做到这一点，因而使得高职院校学生干部工作呈现出复杂性。例如，在"三观"活动中，要解决同学的思想深层次的问题，上一两堂政治课，讲一通大道理是不够的，还需做好耐心、细致、长期的思想工作。

五是周期性。由于高职院校学制的规定和学期的划分，高职院校学生干部工作相应的具有明显的周期性，且周期短，一般为一个学期或一个学年度。例如，一年一度的欢送毕业生、迎接新生的工作，开学抓"收心"工作，期末抓考试工作，等等。但是，研究学生干部工作的周期性时必须注意，这种周期性的活动不是简单的圆周运动。因此，每一个工作周期到来时，在认真总结经验的基础上，要不断地分析新情况、研究新问题，采取新的方式和方法做好新的工作。

三、高职院校学生干部工作是教学管理工作中不可缺少的部分

高职院校学生干部工作既可以及时沟通教学联系，维护正常的教学秩序，又可以弥补高职院校行政管理工作中的不足，其作用不可忽视。

（一）高职院校教学工作中不可缺少的部分

教学质量与人才质量紧密地联系在一起，提高教学质量是高职院校的主要工作之一，加强教学管理是提高教学质量的有力保证。高职院校学生干部工作是具体实施教学管理措施的有力保证。

第一，维护教学秩序。教学活动十分具体而又频繁，光依靠学生干事和辅导员以及任课老师远远不够，大量具体细致的管理工作则依赖于学生干部。例如，课堂考勤、检查自习、收缴作业和开展实习等管理活动都离不开学生干部的努力工作。如果离开学生干部的努力工作，就很难保证教学活动的有序性和教学质量的提高。

第二，沟通教学联系。在教与学的过程中，一方面，同学们会时常碰到这样或那样的疑难问题需要解决；另一方面，教师为了提高教学水平，也需要了解同学对教学工作的意见和要求。因此，客观上要求及时沟通教与学之间的联系。此间，学生干部扮演着及时沟通教与学联系的重要角色，从而使教与学双方得到有效沟通，及时解决同学学习上的疑难问题，提高教师的教学水平，保证良好的教学质量。

第三，促进良好学风的形成。学生干部组织广大同学开展一些学术研究活动，培养广大同学的学术研究能力和兴趣，同时，组织广大同学开展一些有益教学工作的活动，诸如，百科知识竞赛、学习竞赛、学习经验交流、师生恳谈，等等。这些活动的开展，对形成良好的学风，无疑是不可缺少的。

总之，高职院校学生干部工作在教学工作中，对于维护教学秩序、沟通教学联系、形成良好学风、提高教学质量，有着不可替代的作用，是高职院校教学工作中不可缺少的重要部分。

（二）高职院校管理工作中不可缺少的部分

在高职院校管理工作中，很大程度上，学生干部是直接实施者，因而是不可缺少的环节。

1. 弥补学校管理工作中的人员不足

良好的校风和良好的校园秩序的形成都离不开严格的管理，二者之间相辅相成、互为因果。广大的同学是良好校风和良好校园秩序的直接体现者。要管理好来自"五湖四海"的由不同民族、不同风俗习惯、不同性别等组成的大学生群体，使他们养成良好的习惯，自觉维护校园秩序，光靠学校专职行政人员和老师显然是不够的，也是不切合实际的。因此，大量的行政管理工作需要学生干部去承担。学校的规章制度需要学生干部去实施、去落实，特别是学生自我管理方面，学生干部工作显得尤为重要。对于这些工作，学生干部则完全有能力来承担，因为学生干部有着庞大的队伍，占学生人数的30%以上，这样弥补了学校管理工作中的人员不足。

2.弥补学校微观管理的不足

管理需要制度。对于学校来说，要把关于成千上万的学生在学习、生活等方面的规章制度定得十分完整而具体，是很困难的。一般来说，学校只能从宏观上做出较全面的规定，在微观上要求学生干部做出有力的补充，这种补充主要体现在以下两方面：

第一，创造性地执行学校的规章制度。即要根据实际情况，如不同专业、不同年级、不同性别、不同生活习惯、不同特长、爱好、兴趣等，在保证执行学校规章制度的前提下，制定出符合同学实际情况的实施细则，如班规班纪等，使学校规章制度落到实处。

第二，及时调控宏观管理。宏观管理的依据，归根到底来自实践。学生干部较之学校行政干部来说，对学生的实际情况要了解得多，再则，学校宏观管理终归是为同学服务的。因此，学生干部及时向学校反映同学中的情况变化，可弥补学校调控宏观管理时的信息不足。

四、加强高职院校学生干部管理的途径

高职院校学生干部提高自身的素质既是履行好自身职责，完成学校交给的各项任务的首要条件，也是把自己培养成为社会主义事业接班人的内在要求。接受学校有系统、有计划、有目的的组织教育与考核是学生干部提高基本素质的一条重要途径。怎样对学生干部进行有效的组织教育和全面的考核，加强学生干部的管理，也是摆在高职院校思想政治工作者面前的一个重要课题。

（一）组织教育

高职院校学生干部既是干部，又是学生，其成长与进步同样离不开学校组织的教育与帮助。因此，高职院校学生干部必须接受有系统、有计划、有目的的组织教育。当然，学校各学生工作部门也应该注意不能光使用学生干部而忽视对他们的教育。学校应把通过组织教育来提高学生干部

的基本素质纳入工作计划，作为培养合格的社会主义接班人的重要组成部分，从政治思想、理论修养、工作常识、基本技能等方面对他们进行全面系统的培训。

1. 马列主义理论的教育

高职院校学生干部是党在高职院校做好学生思想政治工作的得力助手，因此学生干部自身首先需要有扎实的马列主义理论基础。学生干部除了要学好普遍开设的马克思主义原理课外，还要接受学校组织的多种形式的马克思列宁主义和毛泽东思想理论的各种培训，努力提高自己的政治理论水平。学校方面可以采取举办学生干部理论学习班、成立马列主义学习小组、创建大学生业余干部学校等方式对他们进行有效的培训和辅导。对于学生干部中要求入党的积极分子要及时送入高职院校党校学习，使之接受更为系统、深入的马列主义理论教育。

2. 世界观、人生观和价值观的教育

高职院校学生干部要完成自己的使命，除具有坚定的政治立场、较好的马列主义理论素养外，还要树立正确的世界观、人生观、价值观。这些思想观念的形成固然要靠学生干部自己在平时的学习、生活、工作中自觉训练和加强，积极参加学校组织的有目的、有系统的教育和引导，能较快和较好地树立起正确的世界观、人生观和价值观，从而对人生、社会乃至整个世界各种现象持有正确的观点和态度。在这方面的教育与引导中，既可以采取讲座、报告会等方式集中统一地进行理论疏导，也可采取观看电影电视、阅读文学作品、参观访问等方式进行情感熏陶。思想观念的教育只有与情感熏陶并进，才能收到较好的效果。

思想观念的教育与引导要有针对性，特别是通过人生观及价值观的教育，学生干部要对自身工作的意义有进一步的正确认识，增强工作责任感，正确处理奉献与索取的关系，克服"当学生干部吃亏、不合算"和怕苦怕累的思想。树立了正确的人生观与价值观，学生干部就会从艰苦、复杂的工作中品尝到无穷的乐趣，就可以从为广大同学的服务中品尝到助人为乐、无私奉献的甜蜜。思想观念的教育与引导最后的落脚点是学生干部要树立远大的共产主义理想、坚定的共产主义信念和高尚的共产主义情操。高职院校学生干部肩负着十分特别的历史重任，在大学学习期间是党在高职院校各项工作的得力助手，毕业后将成为社会主义事业各条战线上的政治骨干与业务骨干，是党的干部队伍建设中的一支不可忽视的后备力量。因此，学生干部必须认识到树立远大的共产主义理想、坚定的共产主义信念，培养高尚的共产主义情操，是社会主义向前发展对青年一代提出的必然要求。同时，这也是高职院校教育和培训学生干部所要达到的一个重要目的。学生干部与其他青年人一样，在成长发展过程中，易受外界因素的干扰，其理想、信念和情操也会发生波动和反复。因此，一方面，学生干部要充分认识这一特点，自觉克服自身的弱点；另一方面，学校也要注意帮助学生干部及时排除外界的干扰。特别是注意引导他们正确认识风云变幻的国际形势，例如，正确看待东欧演变、苏联解体等，批判共产主义渺茫论、马克思主义过时论、社会主义与资本主义趋同论等错误思潮。

3. 常识的教育与技巧的训练

学生干部工作的效果与其所掌握的工作常识及工作技巧与方法是密切联系在一起的。学生干部接受学校系统、全面的工作常识教育和基本的工作技巧与方法的训练是十分必要的。

（1）掌握党支部工作的基本知识与方法。学生党支部的干部要熟悉党章，对党的基本知识要有全面的了解，要懂得党务工作的一些基本常识。因此要积极参加学校党组织举办的专门培训，如积极参加高职院校专门举办的党支部书记、组织委员、宣传委员培训班的学习，全面掌握党的基本知识，提高工作水平。此外，还要学会做细致深入的思想政治工作，善于了解他人，关心他人、及时发现问题，及时解决问题。只有这样，才能充分发挥每一个学生党员干部的作用，把同学紧紧团结在党的周围。比如说，发展大学生入党是一项艰巨而又重要的工作，它要求学生党支部的干部认真做好入党积极分子的培养与考查工作，这也就是要求学生党支部的干部要熟练地掌握党员发展工作的基本常识。因为，不懂得发展党员的基本常识，就不可能积极稳妥地做好党的组织发展工作，特别是不具备做深入细致的思想政治工作的能力，就不可能准确把握入党积极分子的入党动机，组织发展工作便不可能有效地开展。所以说，学生党支部的干部要在学校党组织的专门培训下，熟练地掌握党支部工作的基本知识和工作方法与技巧，充分发挥学生党支部的战斗堡垒作用。

（2）掌握共青团工作的基本知识与方法。共青团系统的学生干部要熟悉团章及团的基本知识，要善于把握青年工作的特点，善于团结号召青年。学校团组织要积极创办业余团校和团干培训班，举行团日示范、团干经验交流活动等，为全面提高学生团干的基本素质广辟途径，尤其是要注意为学生团干提供团内实践活动的良好环境。学生团干要在学校团组织的培训下，努力学会做青年人的知心朋友，善于把握青年人的思想脉搏，善于做深入细致的帮教工作，及时向党组织反映青年人的思想、意见和要求，使自己真正成为党在高职院校各项工作中的得力助手。

（3）掌握管理工作的基本知识与方法。学生会、班委会及其他社团学生干部的培训应该紧密结合各自的工作职责、工作对象的特点来进行，重点是提高管理水平，增强组织、指挥与协调能力，以利于学生干部在学校管理、校园文化、体育活动等方面充分发挥各自的作用。

总之，组织教育犹如"技工学校"。高职院校学生干部要积极接受学校组织的有计划的系统培训，使自己在各自的工作岗位上成为技能熟练的合格"工人"，在学校党组织的领导下，在大学这一培养人才的"大车间"里与广大教师一道，用辛勤的汗水为社会主义祖国培养造就一批又一批合格的"产品"——社会主义事业的建设者和接班人。

（二）组织考核

组织考核是提高学生干部基本素质的又一有效途径。它可以帮助学生干部及时发现自身的不足，正确对待所取得的成绩，从而扬长避短、全面发展。考核学生干部素质的途径很多，一般可分为学校组织考评、学生干部自评、同学考评三种，但应以学校考评为主。学生干部应积极主动接受学校组织的考核评估。考评学生干部基本素质的内容有很多，但应以考评思想品德和心理能力素质为主。

1. 思想政治素质的考核

高职院校学生干部的基本思想政治素质究竟怎么样，作为学校各级组织应十分明确地把握。考核学生干部思想政治素质的方法有很多，但其中最有效的途径是对学生干部的实际工作进行认真的观察和分析，透过现象把握其政治立场、观点、态度、世界观、人生观和价值观等。对于具有较好的马列主义理论水平，并善于在工作中用马列主义的立场、观点与方法去分析和处理问题的学生干部，要肯定他们的成绩，并帮助他们进一步提高。对于马列主义理论基础还较差，在实际工作中一时还不能很好地用马列主义的立场、观点与方法去分析问题的学生干部要指出他们的不足，并及时对他们进行帮助；对于那些在政治立场、态度等方面与党的要求相背离的个别或极少数学生干部，要坚决地把他们从学生干部的岗位上撤换下来，并对他们的错误言行进行严肃的批评和教育；对于学生干部中存在的其他方面的不良现象及不正确的思想言论要认真地分析和教育，帮助他们澄清思想、端正认识。实事求是地考核学生干部的基本思想政治素质既有利于学校增强对学生干部培训工作的针对性，以及准确地选拔和使用学生干部，又有利于帮助学生干部正确地认识自己、了解自己，从中受到教育，进而提高自身的思想政治素质。

2. 品德素质的考核

学生干部要履行好职责，除了要有坚定正确的政治方向外，还要有优良的品德素质。高职院校党的组织、领导及教师应该对学生干部的品德素质进行经常性的考核，及时发现他们的不足，并帮助他们克服，使之成为名副其实的骨干。

考核学生干部的品德素质要从工作作风、生活作风以及是否敢于开展批评与自我批评等方面入手，要注重在实践中考核。衡量学生干部是否有良好品德素质的标准归结起来主要有三条：一是态度，即在工作上是否肯干、积极、认真和负责；二是服务，即是否乐于把自己的长处与能力最大限度地用于工作，是否乐于奉献，乐于为全体同学服务；三是律己，即在学习、工作和生活中是否严于律己，以身作则，敢于同不良倾向做斗争。对学生干部的品德素质做出实事求是的考评后，要将考评的结果通过适当的方式与途径反馈给学生干部，使他们知道自己的不足及相互间的差距，帮助他们在工作实践中去不断地提高品德素质。

3. 心理素质的考核

对学生干部的心理能力素质进行及时考核，根据其心理能力素质的状况，有效地培训和提高他们的心理能力素质是十分重要的。

学生干部在工作中经常会遇到许多矛盾，需要处理好各种复杂的关系，如学习与工作的关系等。如果没有丰富的情感和顽强的意志，就很难做到大胆开拓，勇于克服各种困难而创新。如果没有较强的指挥、协调能力，就不可能很好地把同学组织起来，也不可能得心应手地处理各种具体的工作关系和矛盾。一个学生干部是否有顽强的意志、丰富的情感，是否有宽厚的胸怀承受各种打击，是否有熟练的指挥协调能力，都可以从他的具体工作中反映出来。因此，学校领导和教师要注重从工作实践中考核评估学生干部的心理能力素质，要多听听学生干部的心里话，让他们诉诉"苦"，还要到他们工作的对象中去征求意见，看看广大同学是怎样评价的。这样才能对学生干部的心理能力素质有客观的评价，有的放矢地帮助他们在实践中锻造自己，逐步形成高强度心理能力素质。

第二节 高职院校学生组织管理

组织是两个以上个体以共同目标为行动指引，按特定活动规律、结构形式结合而成的开放性群体。高职院校学生组织是具有一定组织管理功能的群众性团体，它是高职院校根据教育法律法规及教育管理需要组建成立，或由学生根据自身兴趣、爱好、特长等自发组成。随着社会不断发展，教育体制改革逐渐推向深入，当代大学生主体意识不断增强，价值观和自我需求呈多元化特征，高职院校学生组织作为校园文化的主要载体和风向标，其组织管理机制要与时俱进，不断创新，以适应新形势、新任务的需要，发挥学生组织教育、稳定、中介的社会功能。

一、学生组织管理理念

作为高职院校教育系统的重要组成部分，高职院校学生组织是在校大学生为实现一定目标而自愿组成的学生群众性自治组织，它的建立与发展过程需接受学校监督和管理。它是学校与学生之间连接的桥梁和纽带，是实现素质教育的重要平台，是人才培养的重要载体，在校园文化建设中发挥着不可替代的作用。学生自我管理、教育、服务目标的实现与其发展程度息息相关。

如何打造一个优秀的学生组织？对内，树立学造词习意识，始终坚持建立学习型组织理念；对外，树立服务意识，秉持打造服务型组织理念。

首先，明确组织的独特定位和特定职能，加强组织管理理念服务化建设。"专业化、品牌化"建设是一个组织区别于其他组织的重要标志。专业化是指每个组织在设立自己发展目标基础上，对组织职能进行准确定位，一个组织若要发展得好，就必须做到业务专业化。一个组织要不断发展壮大，还需要形成自己的品牌活动。"品牌化的根本是创造差别使自己与众不同。"一个优秀的学生组织,每一次活动都要格外注意树立和维护组织形象,从活动策划,到活动实施,再到活动后经验分享都应有据可依、有章可循,应建立统一范式或流程,做到时间统筹、实效高能,最终达到组织内部成员对活动的认知、宣传标准化,组织外活动受众对活动评价整体正效应。

任何一个优秀的学生组织都需要一个坚固的内部建设。应该参照企业化管理模式,在组织内部引导成员不断学习、反思、总结、进步的一种学习理念,建立学习型组织。组织内部利用例会、经验交流会、学习沙龙来形成组织成员分享和讨论、学习的氛围,通过组织成员自我和相互学习和分享,指导教师的点拨和指导,来提升组织整体绩效和学生干部队伍的工作水平。

对内培植"家"文化,一个组织要提升组织凝聚力,组织文化建设非常重要。大学生来自五湖四海,由于兴趣、爱好等原因,走到一起形成一个组织,一起奋斗、工作,组织成员也会产生感情。"家"文化的营造需要从点滴做起,"润物细无声"般使成员间情感形成由分散到凝聚的迁移。例如,组织可通过登记成员个人信息,以制作电子贺卡、组织成员成长印记视频、DIY手工形象纪念品等形式为过生日成员送上祝福;通过组织工作分享会、经验交流会、素质拓展游戏等形式,为工作中遇到困难的成员提供发现问题、分析问题、解决问题的团队保障协作机制,舒缓个体压力,形成有针对性的建设性意见或会议、活动实效,使得成员彼此之间更加信任。"家"文化的作用在于其有利于组织精神和文化传承。一个组织的文化,体现于它的生活方式,每一个优秀的高职院校学生组织的文化,内化于具有外在张力的组织精神,外化于独特的组织运作方式。而组织优良精神传承是组织运作方式得以保留的重要保障和有力支撑,"以老带新"传帮带可以让组织精神在言传身教中得以传承,使组织文化得以延续和发展。

二、学生组织管理机制

学生组织管理机制，实质为管理系统内在联系、功能及运行原理，其表现为运行、动力、约束三大机制。实现机制创新，对于高职院校学生组织，将部门负责制作为基础，可有条不紊实现组织有效运行，在部门负责制基础上引进竞标制可激活组织动力。

部门作为组织中一个"细胞"，有分工和职责，根据部门职责要求成员履行，且要求成员立足本部门，将工作做熟、做优、做强，长此以往，便可培养一批"专家"。部门负责制是组织有序高效运行的保障和基础。

采用部门负责制同时防止成员心理倦怠。对于组织而言，系统分工产生一般会提高专业性，从而提高整体效率，但个体对组织体系整体认知会与系统分工发展程度形成负相关，这会成为影响组织成员对团队工作中个人价值成就感认同降低的因素之一，而个体对专项分工熟练程度也会与工作倦怠心理形成正相关，使部门负责制培养的学生"专才"，在长期工作中容易出现无新意、无挑战的倦怠。组织内部专项竞标制可有效解决，激活组织的"细胞"。一方面，竞标项目不是日常工作，是组织内部较重大、需举全组织之力来完成的品牌活动，竞标成功者可获得专项活动指挥决策权，使其拥有应用综合能力，深化对组织整体认知，提升个人综合素质，为其个人发展提供挑战和发展空间。另一方面，竞标项目中未中标部门、个人，在原有负责制基础上，在专项工作中负责执行，但决策者转变，会为其视野及工作思路拓展提供全新感受。具体做法，竞标在组织内部开展，至少要三个以上部门竞标，每部门至少3人。竞标者要有方案，进行公开演讲，由组织全体成员和指导老师对竞标方案可行性、效果等进行评价，通过匿名投票决定中标，指导老师应对竞标过程进行分析、引导和纠偏，并拥有一票否决权。竞标个人代表自己所在部门，组织中任何人只要有意愿、有想法都可参加竞标，不管成员还是干部。中标个人为活动第一负责人，中标部门为主责部门，组织中其他部门和成员均需服从中标部门和个人统一安排。

三、学生组织管理方法

运用人力资源管理相关内容，从招聘、面试、培训、考核模块进行高职院校组织管理创新性设计和实践。

（一）紧扣岗位招聘设计

人是组织中最重要因素，在招聘前应以对组织现状评估为依据，确定岗位需求，根据需求招聘，有的放矢。招聘人应是认同组织文化，符合组织发展要求，满足岗位职责要求的成员。学生组织在宣传招聘时，一定要注意树立和维护好组织形象，选择用现场招聘、海报、宣讲会等传统媒体，还要使用微博、微信群等网络新媒体进行全方位多渠道的宣传。

（二）反映职位要求的全方位面试

在组织成员的甄选上要全方位考查和评定，要有作为学生干部的基本素质，还要具备满足职位能力的要求。在面试考查中要设计反映职位要求的测试，增强考查针对性，如应聘宣传部要根据工作职责，设计类办公软件操作能力、设计理念、宣传渠道和资源的占有情况是考查重点。通过面试者需要不超过2个月试用期，使学生、组织拥有双向评定选择期，降低个人和组织风险。试用结束后，以360度评价决定是否录用。

（三）针对性、系统化、规范化培训

对录用的新人，进行有针对性、系统化、规范化培训。内容包括：组织概况、管理制度、组织文化，工作职责、技能水平等。在保证不影响组织成员学习前提下，对组织成员进行规范化、针对性培训。可以采取丰富多样的形式来开展培训如组织素质拓展活动来提升团队的协作能力，开展优秀校友经验交流会来增加成员对组织的认知度和提升荣誉感，开展迎新、欢送晚会，凝聚组织的力量和融汇成员的感情等。培训结束后，通过考核来检验培训的效果和考查新成员的学习效果。

（四）360度考核和健全的进退机制

一个组织要保持活力和先进性，必须要有健全的考核和约束机制。建

议高职院校学生组织加强对组织成员的管理，每个学期考核一次。分为个人考核和部门考核。学期末学生进行述职，考核采用360度评估，将老师评价、同学互评、自评相结合。应对考核优异的部门和个人给予评优奖励，如授予优秀学生干部、优秀部门称号等。对考核不合格的个人提出警告，定期整改，整改后仍不合格要退出组织。

高职院校学生组织管理实践是一个不断探索和研究的过程。需要学生管理人员更新管理理念，研究管理机制的创新，结合部门负责制和竞标制，双向驱动，助力学生综合能力的提升，运用人力资源理论进行学生组织管理实践，优化组织功能，培育组织新优势，培养优秀学生，达到教育服务广大学生的目的。

第三节　高职院校班级及班主任管理

一、大学班级管理

班级,是一种教学组织形式,高职院校班级也是班级授课制的产物。在高职院校,班级实际上也是实施高等教育的一个基本行政单位。由于它有组织、有领导、有制度、有计划,因此,也可以把它看成是一种社会组织。我们的目的就是要从社会学的角度,运用行政管理学的观点来分析高职院校班级的构成、班级的类型、班长的类型以及班级成员间的相互联系,为班级管理提供理论依据,从而促进高职院校学生管理工作。

(一)高职院校学生班级的构成要素

在社会学中,社会组织被看成是一种复杂的社会群体。它是人们为了合理、有效地达到自己的目标,有计划、有组织地建立起来的一种社会机构。所以社会学意义上的高职院校班级在构成上也具有如下几方面构成要素:要有共同的奋斗目标;要有一套全体成员共同遵守的并以之来维系班级的规章制度;要有一个领导班子,这个领导班子通过一定的形式把班子的全部工作从学习、生活到工作全部抓起来。

另外,在班级的存在和发展过程中还必然有如下几方面的内容作为班级的构成要素:班风;全体成员所认同的权威和活动方式;在全体成员中占主导地位及非主导地位的思想意识;全体成员的课外活动及内容;全体成员对国家及学校大事的关心程度,对学校组织的活动的参与情况及结果等。

班级在学校中是以一个集体的身份来执行学校的规章制度,来完成它的行政职能的。所以根据行政管理学的理论,它又具有以下三层含义:班级是一种活动,除了内部成员的学习生活外,还通过各种活动(包括自发组织的和学校组织的）来达到自己的目标；它是一种形式，除了本身以一个班级的形式存在外，还通过各种活动形式和组织形式来发展；班级也是一种关系，关系发生于不同的活动和形式之间。

从社会学角度将高职院校班级作为一种社会组织进行其构成上的解剖，其意义就在于可以使我们在抓学生班级管理的过程中，能有针对性地对班级构成要素进行系统管理，避免学生管理工作中的盲目性和盲动性。

（二）高职院校学生班级的类型

社会组织是分类型的。按照马克思主义的观点，社会组织是人们社会结合的一种形式，是人与人之间的一定社会关系的表现。因此，在社会组织的分类上就应以人及其行为结果为依据。若从班级目标的表现程度及实现结果处着眼，可将班级分为以下几种类型：

1. 理想型

这是最高类型的班级。其特点表现为有明确的奋斗目标，有健全的组织系统，有严格的规章制度和纪律，有强有力的领导核心，有正确的舆论和优良的传统、作风。因此，全体成员能正确处理国家、集体、个人三者之间的利益，积极开展和参加健康的活动。班集体一旦形成，便有强大的教育力量和自我约束力量，集体荣誉成为每个成员的最高道德标准。维护集体利益，发奋学习，成为每个成员的第一需要。集体的民主气氛浓厚，各项工作和活动能够协调一致。班级和参照体相统一。

2. 一般型

突出表现是缺乏共同的奋斗目标，领导力量薄弱，整个班级缺乏凝聚力。由于班级成员的素质较为接近且层次略低，集体观念比较淡薄，因此班级成员比较墨守成规，囿于个人的圈子内，较少出现违反校规校纪的现象。班级学生很少参加各项活动，大多埋头学习，学生的学习成绩大都较好，知识面广，但其他方面的能力发展较差。

3. 涣散型或分离型

这是一种较为复杂的班级，这种班级的出现，大多数是因为班级同时存在几个权威，且班委会严重分裂，不能团结一致。所以学生听命于不同的核心，各项活动不能统一，重则四分五裂，形成和班委会对立的小集团，即一般理论所说的非正式组织，从而严重地干扰和破坏班级的正常生活、学习和工作，使班级涣散或分离。这类班级违反校规校纪的现象较多。

从上述班级类型的分析可以看到，影响班级类型形成的因素有以下几方面：高职院校班级成员各自不同的性格、兴趣、爱好、思维方式，决定成员彼此之间会发生各种矛盾。这些矛盾的影响程度和范围，以及对矛盾的处理都影响班级的发展，形成不同的班级类型。班委会群体力量的模式可以塑造班级的类型，班级中权威言行或思想意识可能支配班级的类型，班级的参照体可能"束缚"班级的类型，辅导员、班主任或其他有关教师的影响和参与可能引导班级的类型。对于班级类型的形成有影响作用的这几方面，又是相互交织共同起作用的，在现实生活中很难区分它们之间的界限。但我们坚信，刻意地追求和规范化地塑造是起主导作用的。以上几方面都能给管理者提供一种协调或者渗透的可能，使之按预期的模式发展。

（三）高职院校学生班级中存在的几种类型的人际关系

社会组织理论认为，社会生活是相当复杂的，人们在社会生活中交互作用而形成的关系也是多种多样的。但班级成员间的人际关系，由于其附属于学校班级这个正式组织，故在表现形式上就显得相对独立。大体说来，一个班级一般存在以下几种类型的人际关系：

1. 同学关系

这是普遍的关系，存在于所有成员之间。这种关系，包含着其他所有的关系，这种关系空间感不强。

2. 同乡关系

离开家乡的学生,当他乡相遇时会形成同乡关系。这种关系,地方保护色彩较浓。如果一个人被视为败类,那么他的同乡便会受到其他人的攻击。当然,如果老乡过多,也会出现相反的情况,老乡观念趋于淡薄。

3. 同舍关系

住在同一宿舍的学生是生活上的亲密者。关系相处得好的同一宿舍的学生常常有同步的效应和默契,空间感缩小,内心交流扩大,成为知己的较多。宿舍将成为学生毕业后回忆和留恋最多的地方,同时也是向其他人进行表白的谈资。

4. 同趣关系

志趣相投的学生容易成为知音。这些人在生活中某些方面步调一致,同心协力。在他们的周围形成一个流动性的圈子,有时能起到左右某一区域关系的作用,但这种关系较为松散、成员不固定,随着兴趣的发生与转移,关系容易形成亦容易解除。

5. 同源关系

这里的"源"指相同的家庭状况、经历和遭遇,由于同源关系双方的性格有些相似,属于精神上的挚友,合作态度较好。

6. 恋人关系

由于男女学生之间互相产生爱慕而结成的恋爱关系。一般恋爱双方能够顾全大局,注意影响,很好地处理工作、学习和生活之间的关系,但也有恋爱双方陷在个人圈子内,不参加或很少参加集体活动,处理不好学习、工作和生活的关系,在学生中造成很坏的影响的情况。不赞成在大学时期谈恋爱,其中也有这方面的原因。

7. 同事关系

这种关系一般表现在班级的学生干部身上。他们的关系可能在事实上并非很好,但为了班级工作或其他原因,干部之间必须合作。这种关系和同学关系较为类似。

以上这几种人际关系可以说存在于所有的班级中，有的表现较为明显，有的表现较为隐秘。这些关系在其发展中有的可能继续加固和扩大，有的可能削弱和解体，扩大和加固的就有可能形成一些非正式组织。

（四）高职院校学生班级与非正式组织

所谓非正式组织，是班级中由于个人的接触、交往和相互影响而自由结合形成的联合体，这种结合纯属偶然而不带目的性，简单地说非正式组织就是一种小集团。这种非正式组织一旦形成势力，便会左右和影响班级的各方面，因此任何正式组织都要重视这种非正式组织。

非正式组织的作用也是一分为二的，它的积极作用一般表现在：第一，可以调节和弥补班级集体的不足之处，促进班级集体的自身建设；第二，可以了解和沟通正式渠道难以得到的意见和信息，使班级的建设趋于合理和提高；第三，可以规定和影响个别成员，使班级保持和谐一致，从而分担班级干部的任务和责任，改善班级气候，实现班级目标；第四，可以给小集团成员以社会满足感，取得内心平衡。非正式组织的消极作用一般表现在：第一，反对班级的正常活动，往往拒绝参加或设置障碍。第二，目标冲突。非正式组织的利益经常和正式组织的利益不一致，成员有时为了在非正式组织中获得满足，往往忽视正式组织的目标，这样发生目标冲突，不利于正式组织目标的实现。第三，传播谣言。非正式组织有非常灵敏的信息传播渠道，如果正式组织和非正式组织之间不能保持和谐，这种传播渠道就往往成为搬弄是非的工具。第四，离散班级。非正式组织的成员往往搞小动作，拉人下水，对个别上进的人进行挖苦、讽刺，违反校规校纪情况较多，成为不安定因素。当然，非正式组织的影响远非这些，对这一现象不能简单地加以否定，也不能视而不见、听之任之，而应因势利导，扬长避短，最大限度地发挥他们的积极作用，并把消极作用限制到最低程度，化消极因素为积极因素。下面提几点供参考的意见：第一，班委会要经常进行意见沟通，不给非正式组织传播不良信息的机会，并及时澄清流言蜚语；第二，扩大决策范围，调动班级学生开展正常活动的热情,转移他们对非正式组织的恐惧或依恋;第三,班长要尽可能联络非正式组织的核心成员进行合作,必要时可启用非正式组织的某些成员,使之由抗衡转向合作;第四,班主任或辅导员出面协调正式组织和非正式组织之间的利益,使两者不发生重大冲突;第五,正式组织的忠实成员,特别是班级干部要多做工作,通过自身的力量扩展人际关系,从而通过这种人际关系,逐渐瓦解非正式组织。

(五)高职院校学生班级中班干部的类型

高职院校班级人数较少,一般都在20~30人,因此班级的层次性较少,基本的结构是:班委会5~7人,团支部2~3人,班委会下设几个小组,团支部下设几个团小组。班委会负责班级的日常事务,解决班级重大问题,决策班级的重大活动,团支部带领或协调组织全班学生参加或参与学校组织的各项活动。经观察和调查发现,在班级中一般都是班委会起主导作用。

一个班级的好坏,在其发展中虽然取决于班委会的群体力量的强弱、班级成员平均素质的高低,但班长个人的素质不容忽视,往往起着决定性作用。从行政管理的角度讲,班长是一个班级的行政首长,他个人的好恶喜怒、思想风格、意志品质,都会辐射周围,影响班级的发展。班长一般有以下几种类型:

1. 集权型

这种类型的班长集班级的大权于一身,事无巨细,每事必躬,视班务为个人之事,可以主宰一切,他人任何的染指和不恭都被看作是对本人的侵犯。这种人占有欲极强,渴望控制,久而久之就会树敌众多,众叛亲离,班委会成员分崩离析,班级派系林立,四分五裂,陷入一片混乱。如果这种类型的班长能力较强,控制局势,班级就会出现另一种情况,众心归一,形成一个集体。这种类型的班长往往在校、系的学生会中任要职。当然在现实的班级中,这种类型的班长不是很多。

2. 民主型

这种类型的班长较为常见。班长作风民主，遇事多同班委的其他成员商量，从不妄自独断、高高在上。平均使用权力，分工明确，严格执行"各司其职，各负其责"的原则。能紧紧团结班级委员会并形成核心，能及时有力地化解各种矛盾，和非正式组织相互合作，并最终使之解散。这种班长大多属于温和派，被人承认和接受需要较长一段时间，但最终能使班级成为一个有力的班集体。

3. 放任型

这种类型的班长一般说来学习成绩较好，工作能力较差或一般，没有能力和信心将班级的同学团结在自己的周围。缺乏竞争意识，责任心和事业心均不强，但能埋头学习，成绩一直较好。不注重或很少注重人际关系，和班级同学、老师均无过密之交，遇事不能出头露面，唯唯诺诺。放任型班长所在的班级一般都是平安型。

目前在学生中出现一个特殊的阶层，称为"学生贵族"。这些学生几乎都是干部或学生中的权威，他们凭借手中的优越条件，凌驾于普通学生之上。他们社会习气较浓，严重脱离班级，影响较坏。这一现象的形成除了个人因素和社会因素外，与辅导员或领导平时对他们"娇生惯养"也不无关系。要加强校风的建设，整顿班风和系风，必须重视和解决好这一阶层的问题。要在学生干部中实行轮换制，让每个学生都有锻炼能力、施展才华的机会，这同时也可以减少形成"学生贵族"的机会。领导或辅导员要待人平等，杜绝任何学生干部任何借口的"后门"行为。对学生干部的任用，要注意德、智、体、美、劳全面发展，不要因为学生有某种特长或学习成绩较好就委以重任，要看他是否具有一定的思想素质和道德水平及工作能力。

当代组织理论从热力学中引入了"熵"的概念来说明问题。在组织理论中，熵是指一个组织是否吸收外部环境中的能量和资源并向社会输出能量，它是衡量一个组织系统中秩序失调的尺度。熵有正负之分，正熵表示组织走向解体或死亡，负熵表示组织的延缓，这种理论对于实行干部轮换制是有积极的启发意义的。一个班级要想获得新鲜的血液，健康地向前运行，班级的领导核心就得吸收逐渐崛起的在学生中有一定威望和权威的德才兼备的学生，使新生的班级核心不断补充能量和释放能量。

关于班级问题的探讨与分析，在目前来说，既没有现成的理论依据，也没有专门研究的成果，但它是学校管理中必然遇到的问题，所以必须给予重视。在贯彻我们党的教育方针的过程中，特别是在当前反"和平演变"形势的要求下，作为学校管理学生的一种方法和手段，必须要加强高职院校中学生班级的建设，深入研究与之相关联的各方面的情况，从而将主动权掌握在教育者手中，把学生培养成为又红又专的人才。

二、大学班主任工作管理

在大学学习期间，班级是学生最基本的学习、生活单位。一个班集体的好坏，对几十名学生的健康成长和建功成才有着不可低估的导向和熏陶作用。所以，大学班主任工作依然非常重要，是高职院校学生管理工作的核心环节，也是高等教育的重要组成部分。做好班主任工作要明确带班方向，选拔、用好学生班干部，政治教育要狠抓信仰这个根本问题，学风建设要侧重于培养能力、造就人才，在培养学生良好生活作风和道德情操时，应注意管理与教育的有机结合。作为一名优秀班主任，还需要在思想、道德、学术和育人能力等方面有较高素养。总之，班主任工作是一门艺术。

（一）确定目标是班主任工作的前提

作为班主任，欲将一个班级引向何方，带成什么样子，必须明确目标。一个人若缺乏事业上的追求，将会萎靡不振，一个班级如没有明确奋斗目标，将是个涣散的集体。当然，我们的教育，不能离开党的教育方针这个总目标，但是，随着学生年龄、学历的增长，生理、心理的变化，不同类型学校、不同层次班级的学生又各有特点，这些特点是班主任开展工作的出发点。把教育方针与班级特点有机地结合起来，就形成一个班级的奋斗目标：在党的教育方针和学校校风的指导下，在政治上积极向上，保持正确的政治方向，有积极的参与意识；在学业上，勤奋严谨，富有开拓进取精神；在道德品质、生活作风上，要遵纪守法、团结奉献、文明高雅、生动活泼、有时代感，追求高尚、和谐的境界。教育过程是通过教育主体与教育客体有机结合来完成的，班主任的设想要变为现实，首先必须变为学生的共识、学生的愿望。

确立明确的班级奋斗目标，对班主任和学生都具有重要意义。班主任在构思长远班级工作蓝图、制订学期计划、配备学生干部、进行思想教育、开展课外活动时，可以避免盲目性、随意性，做到有条不紊、循序渐进。学生会感受到向上、和谐的氛围和凝聚力，将在自己的潜意识中产生积极的导向作用。

（二）配备干部是班风建设的关键

每个班主任都刻意追求一个良好的班风，如果说确定目标是前提，那么，配备学生干部就是关键。这是因为：①当代大学生普遍有强烈的"自我"意识，班主任事无巨细地过问，往往事与愿违，甚至造成逆反心理。班主任应该利用学生这种心理，变盲目的"自我"为自我管理、自我服务、自我教育。那么，通过班干部使学生更好地完成"三自"，则是他们更容易接受，效果更为理想的方式。②干部与学生朝夕相处，是每个学生生活细节和思想境界的知情人。如果没有学生干部，班主任对学生的情况势必若明若暗，一切治班思想和措施将很难转变成学生的实践。③学生干部多为德才兼备或具有特长者，是学生心目中的领袖，对学生有直接的感染力和凝聚力。总之，学生干部是班主任与学生之间的"桥梁""纽带""信息网"和"催化剂"。所以，配备得力的干部是班风建设的关键。

在选拔任用班干部时，应注意两点：首先，坚持三条标准，即正派、热心、精干。班干部尤其是核心干部必须光明磊落、坚持原则、德才兼备，由这样的干部组成的班委会才有威信、有凝聚力，班风才能正常。相反，若让一些言行不一、拉帮结伙、投机钻营的学生担任干部，势必涣散集体，毁坏班风。热心，是指关心集体，有责任感和奉献精神。热心的干部，才可能踏踏实实地开展工作，讲求实效，任劳任怨，积极探索。精干，是指思考周密，独立解决问题的能力强，工作效率高，有开拓精神。其次，选拔方式要三结合：一要档案与考查结合。从新生中选拔干部，主要参考中学档案。但是，不可把中学档案视为唯一依据，因为有些档案对学生的评价誉美胜过纪实，班主任若只是按图索骥，难免出现失误。应该对候选干部先行试用，认真观察考验，再定取舍。二要选举与指定结合。选举是产生干部的基本方式，通过选举产生的班干部有群众基础，有号召力，便于开展工作。随着年级增高，同学关系复杂化以及学生考虑问题角度变化，大民主选举可能会带有局限性。因此，在班干部换届之前应做充分的酝酿和舆论导向工作，以保证优秀学生当选。分工时，班团的核心干部最好由班主任指定。三要稳定与更新结合。一个得力干部班子及其良好作风的形成，需要成员之间的团结协作和实践磨炼，为保持良好传统，班团干部队伍的相对稳定是必要的。有些干部因工作认真负责，可能会失去一部分选票，为发扬正气，稳定干部情绪，这样的干部要保留下来。但是，如果不适当补充新干部，班子会缺乏活力，而且，我们学生未来职业的特点也要求他们具备一定的组织、管理和其他社会活动能力。因此，每学期要改选一次，补充一定数量的新干部。

在使用干部时，需要注意三个问题。第一，培养干部的工作能力。具体做法是：明确任务、指导方法、敢于放手、认真评估。每届新班委产生，班主任都要详细布置班级工作任务，明确每个干部的职责，并要求他们制订出各自的工作计划，汇总后形成本届班委工作方案。班主任要在学生干部的工作方法上予以适当指导，比如，如何调动同学的积极性，如何组织社会调查活动，等等。学生干部的工作能力，主要是从实践中锻炼出来的，班主任要敢于放开手让学生自己去干。对他们的工作，既要提倡创新，鼓励开拓，也要允许有失误，吸取教训。对学生干部工作的认真评估，可帮助他们发扬成绩，找出差距，总结经验教训，也是培养干部能力的重要环节。第二，爱护干部。主要体现在保护积极的、推荐优秀的、挽救失误的三方面。对于工作热情高的干部，班主任应大力扶持，参与他们组织的活动并提供便利条件，特别是要妥善保护那些坚持原则、敢讲真话的干部，以免导致他们在学生中陷入窘况，产生矛盾，挫伤积极性；对于经过考验，确属优秀的干部，班主任应及时推荐给校、系学生组织，以使他们能在更高层次中得到锻炼；对于个别犯错误的干部，既要严肃批评，帮助他们认识错误，又要努力挽救，变消极因素为积极因素，如有可能，则提供重新工作的机会，使他们重新振作起来并发挥自己的特点。

（三）树立信仰是思想政治教育的根本

大学生的思想政治教育是一项系统工程，需要齐抓共建。作为班主任，应该有针对性地狠抓信仰这个根本性问题。近几年，许多大学生对政治学习不感兴趣，对各种政治活动持消极态度，究其根源在于所谓的"信仰危机"。所以，班主任在培养学生坚定正确的政治方向时，必须狠抓树立马克思主义信仰这个根本问题。

第一，先学点基础理论。造成当代大学生信仰危机的一个极重要因素是缺乏马列主义理论常识，当各种流派的思潮袭来时，因缺乏鉴别力而随波逐流。另外，大学生思想活跃，求知欲强，崇拜名人名著，但社会阅历不深，容易轻信各种学说。针对这些思想特点，在对他们进行思想政治教育时，要注意理论性、知识性、实践性相结合。要有计划地引导学生从空想社会主义名著读起，再学马克思、恩格斯的科学社会主义经典篇章，然后，结合中国近现代史学习，使学生充分认识科学社会主义之所以可信，因为它在理论上是站在巨人肩膀上形成的，是人类智慧的结晶。与各种流派的理论相比较，它至今仍不失为最严密、最深刻的理论体系；在实践中，它已经引起一场历时一世纪、波及全世界的社会大变革。对国际社会主义事业出现的挫折，要具体分析，弄清是由于某些政党没把自己的事情办好,还是马克思主义本身的问题。通过理论常识教育,使学生真正了解一些马克思主义,提高鉴别能力,不致面对各种思潮时而茫然失措。许多学生说,与其他学说相比,马克思主义博大精深,有实践意义,不能轻易否定。

第二,升华学生的社会实践活动。开展社会实践活动的目的,是使学生了解国情,加深对我国改革开放政策的理解,从而坚定走具有中国特色社会主义道路的信念。但是,如果对学生活动不加引导,认识不予以升华,就不会收到满意的效果。每次开学初,都要认真阅读学生的社会实践报告,择其优秀者在班内组织的社会实践报告会上宣讲。通过学生耳闻目睹的事实,对他们进行国情教育、今昔对比教育和两种社会制度对比教育,使学生认识到,中国的国情不同于欧美,能使十几亿中国人吃饱、活好,的确是件不容易的事情,进而体会到改革开放的重大意义。同时,还要引导学生正确对待调查中发现的某些社会不正之风,划清主流与支流、制度与体制的界线。

第三,采取灵活的教育方式。政治思想教育进行灌输是必要的,再配合其他方式,效果会更好。要结合青年人的特点,经常举办融思想性、知识性、娱乐性于一体的活动,如读书报告会、演讲会、专题报告会,创办党的知识手抄小报,组织党章学习小组等。实践表明,抓住树立信仰这个根本问题,可以带动班级的整个思想政治教育工作。

(四)造就人才是学风建设的主题

大学的工作千头万绪,但是说到底,中心任务还是教学。作为班主任,忽视班级的学风建设,将是严重失职。抓学风建设,还需要从实际出发。近几年,高职院校学生厌学风有所形成,造成厌学的原因很多,其中,对高等教育的认识片面,是干扰我们大学生积极进取的重要因素之一。有位大学校长说过:"大学主要不是传授知识,而是教会学生取得知识的方法。"这话是有一定道理的。我们认为,高等教育的任务,应该是根据年级层次,由传授知识为主逐渐转向培养能力和造就人才为主。基于这种认识，班主任在抓班级学风建设时，应始终紧扣培养能力、造就人才这个主题。

第一，制订四年一体化的培养方案。高等院校的教师，绝大多数是各有专业、各司其教，如同铁路警察，各管一段。这势必造成在对学生的学习动力、努力方向、研究方法、综合能力等方面的培养和训练上缺乏科学、系统的宏观协调。针对这种情况，结合专业特点，可制订1~4年级系统化的培养方案，核心构思是根据年级层次，由知识型向能力型转变，由培养人才向造就人才转变。

第二，有条不紊地实践。从大学一年级开始，配合专业课学习，可从校内外聘请学有专长的学者、教师在班内搞系列学术讲座。具体可开辟"发奋读书，立志成才""研究生成功之路""图书馆的利用""职业道德素养""学术论文的表述""报考研究生诸问题"以及人文专题讲座，这些题目皆依年级层次有针对性地选定。选题的基本思路是：激励学生有追求、不虚度、爱读书、会读书，掌握获取知识的方法，注意理论和能力的培养训练，鼓励学生脱颖而出和建功成才。与此同时，经常开展读书报告会、书法和演讲比赛、模拟教学等学术活动，并创办墙报、刊物……以活跃学术气氛。针对高年级学生两极分化的趋势，可采取抓两极带中间的措施。一方面，大力鼓励优秀学生朝着继续深造的方向努力，对其中突出者给予特殊奖励，例如，凡是通过国家四级英语过关考试的学生，班内都要予以奖励；另一方面，对个别不够努力的学生，分别做思想工作，引导他们着眼于未来教育，立足于提高专业素质，不负美好青春；同时，可以组织学生成立社会调查小组，以"社会需要什么样的高素质人才"为题，对不同的企事业单位进行大量的问卷与座谈调查。结果表明，社会欢迎的是那些知识丰富、能力突出、思想活跃、品德高尚、具有时代感的优秀人才，最讨厌那些不学无术、举止不雅、格调低俗、思想僵化的毕业生，这项活动在班内引起较大反响。同学们进一步认识到，不努力完善自己，将来就可能成为不受社会欢迎的毕业生，真是"今日学习不努力，明朝就业空着急"，所以，有更多的学生抓紧时间读书，扩大知识视野，加强各种能力培养和自我完善。

（五）管教结合是优化生活作风的要诀

树立高尚、和谐的班级生活作风，是一项长期、复杂、细致的工作。对此，班主任的任何放任自流、秋后算账、赶风头、走过场的做法都于事无补，甚至会引起不良后果。班主任在优化班级生活作风时，既需要严格的行政管理，更需要深入细致的思想教育，二者需要有机地结合。

在管理方面力求做到制度化、定量化。第一，制度化。学校的各项规章制度是维持学生学习、生活秩序的根据、保证，离开校规校纪，建设良好班级生活作风就无从谈起。因此，班主任严格照章管理是优化学生生活作风的起码要求。新生入校，班主任要配合校、系开展的入学教育，反复细致地向学生介绍学校的各项制度和大学生行为规范，使他们清楚什么是不允许做的、哪些是必须做的。并在此基础上制定班级文明公约，张贴于教室醒目之处，通过这些来增强学生的秩序意识。在新生还没有形成一个良好的生活、学习习惯以前，班主任的跟班到位非常必要，可以督促学生尽快适应学校秩序，养成自觉遵守校规校纪的习惯。对违纪的学生，班主任应不隐恶、不护短、照章处罚，以维护制度的严肃性。第二，定量化。一般来说，校园生活很少有惊天动地之举，学生的优劣是从他们平时德、智、体、美、劳的综合表现中区分开来的。如果班主任平时缺乏对学生各方面情况的详细记载，那么，在评价学生时就难免出现两种倾向：或者任凭一时印象，贬褒脱离实际；或者因情况不明，一律半斤八两，优劣难分。这样就很难达到管理的目的，因此，班主任对学生的学习成绩、发明创造、政治活动、生活纪律、社会工作、公益事务等方面情况以及参加次数、名次效果都要有详细准确记载，并且转换成数量关系，进行比较排队。实行定量化管理，在团员考核定格、评定奖学金和德、智、体综合测评时，就可以大大减少误差，而且公平、合理，进展顺利，学生心悦诚服，奖励表彰也发挥了其应有的作用。

思想教育是优化生活作风必不可少的环节。这是因为，任何规章制度必须转化为学生的思想，才能真正发挥作用，而思想教育就是这一过程的"催化剂"。更重要的是，人的精神世界深邃复杂，有些是任何规章制度也无法规范和约束的。例如，后进学生的思想转化、优良品质、高尚情操的培养等光靠行政管理则难以奏效，而思想教育却有其独到之处。在进行思想教育时，要注意坚持正面教育和潜移默化。

第一，坚持正面教育。前几年，由于中小学片面追求升学率，从学校到家庭，只重视学生的智力教育，而放松了思想品德的培养。对大多数中学生来说，升学是唯一的学习和精神支柱。一旦进入大学，以往追求的目标达到了，精神世界却出现了空白，思想品德方面的弱点开始暴露：自由散漫、法纪观念淡薄、缺乏群体意识，甚至损人利己、违法乱纪、人生观倾斜。因而，大学班主任在优化学生生活作风时，必须从上述实际情况出发，从一年级开始，就针对大学生行为规范、专业思想、教师职业道德、集体主义、人际关系、恋爱交友等问题对学生进行正面教育，有的题目需进行多次。做好犯错误学生的思想转化工作，是思想教育的重要内容。对违纪学生进行处罚是必要的，但是，处罚只是手段，目的是促使他转变。不配合思想教育的处罚往往会增加消极因素，反而达不到处罚的目的，对犯错误的学生，班主任要采取严肃批评、耐心转化的教育方法。例如，针对两名学生入学不久的违纪问题，我们可及时召开班级生活会，并和学生们一起认真分析违纪的思想根源，严肃指明错误性质，殷切提出希望，并建议组织根据本人的诚恳态度从轻处罚。这些做法真正达到了教育本人、敬戒效尤的目的。然而，事后那两名学生觉得刚入学就跌了跤，对未来失去信心，一度情绪消沉，认为"世俗的偏见只会记住人们的过失"。经过多次深入细致的思想转化工作，并为他们提供发挥自己特长的机会，这两名学生终于振作起来，连任学生干部，工作出色，受到学校的表彰。

第二，潜移默化。这里是指优化班级环境，陶冶学生的高尚情操。生活在集体中的人，有很强的从众心理，青少年更是如此。因此，优化班级环境对大学生思想情感、道德情操的教育效果，有时是正面说教根本无法达到的。可积极引导学生广泛开展有益、高尚的集体活动，举办跨班、跨系、跨校的学生联谊会，经常开展演讲会、书法文体比赛、游览、参观、各种形式的晚会以及创办文艺板报、诗刊等别开生面的课外活动。所有这一切都是为了创造良好的班级环境，用真、善、美的东西占据学生的课余时间和思想空间，以文明、高雅、和谐的校园生活来陶冶学生的情操，从而培养他们热爱生活、热爱集体、热爱祖国和无私奉献的精神。管理和教育同为育人手段，前者是保证，后者是基础，二者的有机结合是优化班级生活作风的要诀。

综上所述，班主任工作要方向对、情况明、讲科学、下功夫，但是这还远远不够。高度的责任感、事业心，对学生的深厚感情和无私奉献精神是当好班主任的思想动力，高尚的道德修养、全面的育人能力、较高的学术水平是优秀班主任应具备的素质。总而言之，班主任工作是对学生朴素的爱的升华，是奉献精神的提炼，是育人思想性与科学性的高度统一，是一门需要不断探索的综合艺术。

第四节　高职院校校园文化建设与管理

一、大学校园文化管理的任务、原则和方法

正确认识和全面理解大学校园文化管理的基本任务，是进行大学校园文化管理的重要步骤和最基本的要求，完成大学校园文化管理的基本任务必须遵循一定的原则，这就是大学校园文化管理的原则。大学校园文化管理原则起着统摄一切活动的作用，它是搞好校园文化管理的保证。明确了管理任务，遵循了管理原则，还必须有正确的有效的管理方法，否则，缺乏正确有效的方法，或者方法使用不当，大学校园文化建设的任务就难以完成。

（一）大学校园文化管理的任务

大学校园文化管理的基本任务是利用现代科学管理的最新成果，依照党的教育方针、政策，充分利用人力、物力、财力，花较少的代价，取得最大的社会效益，促进大学校园文化的发展。具体地说，大学校园文化管理的基本任务主要有宏观管理任务和微观管理任务两大方面。

1.宏观管理任务

宏观管理任务就是运用法纪手段、经济手段、行政手段，对大学校园文化建设进行计划调控。

首先，确立大学校园文化建设的发展目标。目标通常是指某一行动所达到的最终目的或某项工作所预期达到某种结果的标准、规格、状态。目标和管理是紧密联系在一起的，它不仅是管理的出发点、依据和归宿，而且本身就具有明显的管理功能，它具有指向、激励和行为标准的作用。因此，大学各级管理部门应该首先根据客观规律和培养社会主义建设人才的需要以及本校的实际情况，确立本校校园文化发展的远期目标、近

期目标和各年度各种活动的具体目标,并具体落实到部门和个人,使大学校园文化的管理有较强的计划性。

其次,充分运用各种调控手段。各种调控手段是大学校园文化宏观管理的有力保证,在宏观管理过程中,加强各种调控手段的实施,可以保证管理的实际效果。一方面,要加强经济手段。大学校园文化管理的目标一经确定,必须迅速地贯彻执行,落实到具体的活动和行动中去。在这个过程中,为了保证大学校园文化管理目标的实现,学校可根据需要加强投资,增加拨款,使大学校园文化管理现代化。另一方面,要改进行政手段。行政手段是我们过去惯用的管理措施,目前仍然发挥着重要的作用,尤其是某些特定的管理活动,如大学校园文化市场的净化、大学校园学术活动的进一步规范和完善等,行政手段往往起着不可替代的作用。所以,要在不断变化的现实情况下,不断改进管理手段,保证大学校园文化健康发展。

此外,还要制定和完善大学校园文化管理的法规和各种规章制度。大学校园作为培养人才的基地,对教育对象施以教育说服方法固然起着重要作用,但由于大学培养对象大都是18周岁以上的成年人,他们已经具有鉴别认识能力,因此对一些屡教不改、明知故犯的人还必须绳之以法、警之以规,最终达到优化大学校园文化环境的目的。所以,完善的法规和各种规章制度在大学校园文化管理中具有不可替代的作用。大学校园文化法规必须依据《教育法》的规定,结合大学教育的规律和特点来制定,做到切实可行。

2. 微观管理任务

微观管理任务就是通过对大学校园文化队伍管理、活动管理、设施管理、制度管理和财务管理,形成竞争机制和强化激励机制,施以压力和动力,实现优胜劣汰、奖勤罚懒,使之与宏观管理相互结合和配合,促进大学校园文化管理的科学化。

队伍管理是加强大学校园文化管理的一项关键工作。在社会主义市场经济的大环境里，过去惯用的管理手段，如通过加强思想政治工作使每个管理者树立高度的责任感和奉献精神，根据不同工作岗位的特殊要求适当配备管理干部，经常的干部培训等手段，固然很重要，但仅停留在这个水平上已经不能满足大学校园文化管理的需要了。因为在市场经济条件下，人们的价值观念已有了变化，必须引进激励机制，把目标激励引进干部队伍管理中去，使干部队伍为完成大学校园文化管理目标，不断地追求，努力地工作，自觉地奉献；同时也真正使成绩优异者得到提拔和奖励，业务平庸和不思进取者受到警告或处罚。

大学校园文化活动是以学生和教职工为主体的群众性文化活动，师生员工既是大学校园文化活动的参与者，同时又是活动的组织者。大学校园文化主管部门对大学校园文化活动的管理，既要加强领导，严格把关，又要尽可能放权，积极支持。一方面，凡开展较大活动，主办单位要向主管部门上报活动方案，对健康有益的文化活动，主管部门要给予大力支持帮助；对内容不健康或有碍正常教学活动进行的文化活动，则应坚持原则，坚决取消。要注重引导，提高活动的质量。大学校园文化活动不应只停留在过去的文体活动这种初级的娱乐文化上，而应转移到学术、科技活动这样的高水平活动上来，鼓励学生从事学术研究，繁荣学术文化。因为在市场经济条件下，只有科技的进步，才能推动经济的发展。作为经济建设后备军的大学生，如果没有一定的科技活动能力，就无法适应市场经济发展的需要。要做好检查评比工作，总结经验，表彰先进，肯定、激励师生员工的热情，发现问题，及时纠正，必要时给予处罚。另一方面，领导要立足基层，切实调动并保护工会、共青团、学生会、学生社团的积极性、主动性、创造性，充分发挥它们的作用，从而达到繁荣大学校园文化的目的，创造一个健康文明、民主和谐、生动活泼、富于激励的大学校园文化环境。

大学校园文化设施，主要是指开展大学校园文化活动的场所、设备、器材等，如礼堂、展览厅、实验室、演播厅、舞场、各种文体活动器材等。

建设和发展大学校园文化，如果没有相应的文化设施，在一定程度上可谓"巧妇难为无米之炊"。然而，有了必要的文化设施而没有相应的管理措施，不仅影响校园文化活动的正常开展，甚至会毁坏各种设施，既影响大学校园文化活动的开展，又使学校蒙受经济损失。所以，必须加强设备器材等文化设施的使用和管理，运用法规手段、行政手段和思想教育手段等激励约束机制进行管理。只有加强管理，才能有效地延长场地、设备、器材的使用时间，提高其利用率，发挥其更大的效益。

大学校园文化制度是文化环境、文化设施和文化组织的延伸，一定的校园环境、设施和组织，如果没有相适应的制度就无法使大学校园文化有序化。目前，大学校园文化建设还没有引起一些学校的足够重视，这些学校校园文化设施不够完善，资金比较缺乏，大学校园文化干部人数较少而且队伍不稳定，少数学校还不能正确处理好第一课堂和第二课堂的关系，大学校园文化的职能组织机构和专门组织机构职责分工尚不明确等。为此，需要制定各种规章制度，明确大学校园文化的方针、任务，做到有章可循。规章制度一旦形成公布，就要认真贯彻落实，并根据需要做出必要的修订，使之日臻完善。

大学校园文化的财务管理就是对大学校园文化活动的经费管理。经费是校园文化活动的命脉，没有经费，大学校园文化活动将难以发展；有了经费，如果管理不当，也会给大学校园文化活动带来人为的矛盾。经费来源的有限性与事业发展的无限性的矛盾贯穿于大学校园文化工作的全过程。要缓解这一矛盾，必须最大效益地利用经费，即解决能否合理地、科学地管理经费的问题。首先，要根据大学校园文化管理的目标，在周密预测的基础上，合理安排年度预算。在经费开支过程中，必须严格执行财务制度和财经纪律，强化监督和控制，定期进行财务检查，使各种经费支出项目经得起审计。其次，要在经费的使用上合理地开支，必须根据大学校园文化建设的速度和规模的需要，从实际出发，讲求实效，量力而行，不应收费的坚决不收费，需要收费的活动则适当收费。必须把社会效益放在首位，在此基础上，争取社会效益与经济效益双丰收。最后，要在每一年度终了的时候，进行年终决算，总结经验教训，改进财务管理。

（二）大学校园文化管理的原则

在大学校园文化的管理工作中，管理原则起着统摄一切的作用，它是管人、理财、用物、处事所依据的基本原则。这些原则主要有以下几种：

首先是坚持社会主义方向性原则。大学校园文化建设的总目标是培养德、智、体、美、劳全面发展，有理想、有道德、有文化、有纪律的社会主义事业的建设者和接班人。这就决定着大学校园文化管理必须坚持党的领导，坚持社会主义，坚持人民民主专政，坚持马克思列宁主义、毛泽东思想，发扬共产主义道德风尚，自觉抵制和消除资产阶级自由化思潮以及社会不正之风的侵袭和影响。

其次是系统管理的原则。大学校园文化建设是一个系统工程。在这个系统工程中，每个单位、每个人、每个管理对象都不可能是孤立的，它既在自己的系统之内，又与其各有关系系统发生各种形式的关系，同时还处在一个更大的社会文化系统的范围之内。因此，为了达到最优化的管理，必须进行充分系统分析，这就是管理的系统性原则。系统性管理的原则要求在进行大学校园文化管理时，必须处理好以下几方面的关系，一是大学校园文化与社会文化的关系，二是大学校园文化内部各个分系统之间的关系，三是大学校园文化与中小学校园文化的关系。大学校园文化的管理者在采取每一个管理措施时，只有处理好了这几种关系，才能发挥最大的功能，达到最优化的管理。

再次是民主性原则。大学校园文化管理的民主性原则，要求大学校园文化管理人员在工作中要充分尊重从事大学校园文化活动的群众，发挥他们的积极性、主动性和创造性，善于集中群众的智慧，实行民主管理。民主管理并不是撒手不管，任其自然发展，而是既要充分依靠和发挥师生员工的积极性和创新精神，又要对其积极引导。对师生员工的文化行为，有益的，要积极支持；无害的，要宽容引导；有害的，要坚决反对，并采取措施，予以抵制。

最后是效益原则。在大学校园管理中，要以最少的人力、物力、财力，用最短的时间，完成最多的工作任务，用最小的耗费取得最大的效果，这就是效益原则。判断大学校园文化管理是否有效，不是以管理者的主观意志为转移，而是以社会效益为准则的。为此，必须做好以下几方面的工作：一是树立效益观念，注重节约，用最少的人力、物力、财力，尽可能满足师生员工多方面的文化精神生活需求；二是开展活动以师生员工喜闻乐见以及所产生的社会效益能被师生员工承认为目的；三是注意信息反馈，实践是检验真理的唯一标准，每次活动过后，都有必要认真总结该次活动是否达到了预期的目的，是否产生了良好的社会效益，为此，必须建立相应的信息反馈系统，坚持不断地进行收集和整理工作，从而使大学校园文化建设始终在正确的轨道上健康发展。

（三）大学校园文化管理的方法和艺术

长期以来，在大学校园文化管理中形成了一系列有效的管理方法和管理艺术，我们必须加以继承和发扬，并在此基础上大胆创新，探索大学校园文化管理的新方法和新艺术。

1. 管理方法

大学校园文化的管理方法主要有以下几种：

（1）目标管理法。这是一种传统的管理方法，也是一种有效的管理方法。在目标管理中必须注意处理好总体目标与分段目标的关系、活动目标与管理目标的关系。分段目标是根据总体目标制定的，是总体目标的具体化。活动目标是实施分段目标而进行的具体活动所要达到的效果，管理目标依据于活动目标。在社会主义市场经济条件下的今天，实施目标管理法，必须引入竞争机制和激励机制，充分调动人们的积极性，焕发人的内在动力，奖勤罚懒，优胜劣汰。同时坚持效益原则，用较少的人力、物力和财力取得最好的社会效益。

（2）民主管理法。大学校园文化建设是以群众性为主要特征的，民主管理是大学校园文化管理的原则，也是大学校园文化管理的方法。首先，大学校园文化管理过程中的指挥、调节和控制等，是对人的指挥、调节和控制，师生员工是大学校园文化建设的直接参与者，对大学校园文化建设最有发言权。只有依靠他们参加民主管理，才能使他们的主观意愿与客观实际相结合，做到科学的管理。其次，大学生校园文化活动大都是按自愿原则进行的，只有进行民主管理，才能使管理措施化为师生员工的实际行动，收到应有的效果。再次，实行民主管理才能使大学校园文化建设得到师生员工的关心、爱护和支持，并置于师生员工的监督之下，有利于改进工作作风、提高管理水平。因此，必须在思想上重视民主管理，在工作中要时时处处体现民主管理，坚决克服官僚主义。要定期不定期地召开民主大会，采纳师生员工中的好意见和好建议，真正达到在民主的基础上集中，在集中的指导下民主。这样才能加强大学校园文化建设，繁荣社会主义大学校园文化。

（3）指导辅导法。指导辅导法就是在大学校园文化管理中，既要从政治上保证校园文化活动的正确方向，又要充分发挥师生员工的积极性，让他们独立、大胆、生动活泼地开展各项有益活动，并给予必要的帮助、示范、表演、辅导。它是大学校园文化管理中的重要环节，对于正确贯彻党的教育方针，明确活动方向，丰富活动内容，提高活动质量，最大限度地满足师生员工文化生活的需要等，都有着重要的意义。指导辅导的具体内容一是坚持和贯彻党的教育方针；二是组织专家到校进行辅导，提高活动的质量；三是总结经验和教训，培养和推广典型；四是开展大学校园文化的理论研究，指导和推动大学生校园文化的健康发展。

2.管理艺术

最优良的大学生校园文化环境，必须是几个文化层次高度和谐统一的环境。要达到大学校园文化和谐统一，要使校园文化健康有益，必须讲求大学校园文化建设的管理艺术。大学校园文化的管理艺术主要表现在以下几方面：

（1）坚持导向性，赋予愉悦性。导向性是指在静态和空间角度体现政治导向、价值导向和生活方式导向，在动态和时间的角度体现政治导向、现实导向和未来导向，并且互相关联、互相协调、互相平衡，从而产生理想的整体导向效益，这是我国大学校园文化的社会主义性质及其应用社会效益的必然要求，也是大学校园文化教育性的首要表现和根本要求。坚持导向性，尤其是政治导向，能够确保坚持党的领导，确立习近平思想在大学校园文化中的指导地位，确保大学校园文化影响人、教育人的社会主义方向，引导大学生朝着正确的思想政治方向前进，然而，坚持导向性不能采取行政命令的方式，因为大学生都是有一定认知能力的人，行政命令往往会使他们产生逆反心理。所以，必须赋予愉悦性，符合大学生的心理、生理特点，使他们不知不觉但又自觉自愿地接受教育和影响。环境文化、设施文化，也应寓思想性、针对性、参与性于可感性、服务性、愉悦性之中，把有意识的影响、教育渗透于无意识的文化形态之中，通过美好健康的环境和氛围，影响受教育者的心灵世界。

（2）坚持学术性，区分层次性。大学校园是人才密集的地方，校园主体的文化层次和专业水平较高，这就要求大学校园文化管理必须坚持有相当水平的学术性。只有这样，才能引起人们的兴趣，调动人们的积极性，才能使校园文化活动有质的飞跃，向着学术、科技领域演进和发展，从而达到培养人才的目的。然而，大学校园内部的受教育者还有不同的文化层次，在坚持学术的同时，还必须注意区分层次性，并区别对待，使不同文化水平的人都能接受，都能得到锻炼。

（3）允许多样性，注意统一性。大学是培养社会主义事业建设者和接班人的重要园地，而社会主义事业需要多方面的人才。这就要求大学校园文化必须不断繁荣、富有生机，使大学校园文化的形式和内容丰富多样。不同的学术观点，不同的教学风格，可以"百花齐放、百家争鸣"，这样，师生员工的个性才有发展的环境，才能培养出多种类型的社会主义建设人才，使他们对社会做出应有贡献。然而，性格上和学术上的个性、风格上和建树上的多样性，都必须统一在坚定的社会主义方向这个前提下。社会主义大学校园文化的管理必须时时有意识地培养以社会主义、集体主义、爱国主义及其价值观念为核心的团体精神。

（4）保持开放性，坚持选择性。文化在本质上就是开放的，大学校园文化的建设和发展，必须保持开放性，包括在校内开放、向社会开放、向世界开放。不实行"三个开放"，不吸收最新信息，不学习中外学校先进文化，大学校园文化就难以实现现代化，难以在意识形态领域前沿和整个社会主义精神文明建设中发挥应有的作用。但是，在强调开放的同时，必须注意有选择地继承和吸收先进文化。首先是要继承吸收文化遗产。中国是举世公认的文明古国，有着优秀的传统民族文化，在吸收外来优秀文化的同时，必须立足本国，继承和发扬我国传统文化的优秀成果，保证大学校园文化的性质。其次是吸收社会文化的精华。大学校园文化应是社会文化的精华，是以一定的社会要求和价值观念为指导的。因此，对社会文化必须有鉴别地加以吸收和改造，坚决防止腐朽思想文化的渗透，坚决抵制资产阶级价值观和生活方式对青少年的侵蚀。

（5）发挥先导性，基于从属性。大学校园传播媒介先进，知识分子集中，而且文化层次较高，他们对各种社会思潮比较敏感，对科学技术和社会进步一般具有趋善求美的理性的自觉性，理想主义色彩较浓，所以大学校园文化往往是时代的晴雨表，有着一定的先导性，能够迅速地汇集并传播各种社会思潮，及时地反映或预示学术前沿动态和科技发展水平，自觉地根据社会发展大趋势培养能够设计与创造未来的"四有"新人，从而对社会主义的政治、经济发展发挥重要的影响和作用。这是高职院校的优势，也是大学校园文化先进性、超前性的一种表现。

不过，大学校园文化的这种先进性、超前性是相对的、有条件的，因为大学校园文化从属于社会文化，渗透着社会文化。只有明确了这一点，才能自觉坚持大学校园文化正确的政治方向，才能使大学校园文化的先进性、超前性得到发挥。

（6）克服自发性，强化管理性。与学术性、多样性、开放性、先导性等相联系，大学校园文化有时表现出一定的自发性。自发的东西，有的伴随创造，孕育着先进，有的还连带着破坏，酝酿着倒退。因此，大学校园文化的管理者必须清醒地意识到这种自发性所带来的后果，强化管理，对先进的给以扶持，对破坏性和倒退及时给以匡正，并把它们消灭在萌芽状态。

（7）利用从众性，增强凝聚性。文化是存在于个体之外的，能对个人行为的变异施加无形影响，从而使个体与这种文化保持一致。美国阿希实验表明，个体在群体影响压力之下，有时会放弃个人意见，而在认识与行为上与多数人保持一致，这是大学校园文化的一种从众心理现象。大学校园文化的群众性强、自由度大，师生员工只有对大学校园文化加以认同，从而对它具有强烈的归属感，才会主动调节个人的心态和行为而与它相适应。所以，建设大学校园文化，要有意识地利用从众现象的积极方面，充分发挥课程文化的导向作用和制度文化、组织文化的规范作用，以及先进人物的榜样作用，形成特定的团体精神，从而创造良好的群体心态，增强大学校园文化的内聚力、向心力和持久力，把师生员工凝成一个有机的整体，与此同时，也要坚持实事求是，正确对待不同的个人意见，克服可能出现的盲人现象，避免窒息学校成员难能可贵的独创精神。

（8）保持稳定性，重视发展性。大学校园文化尤其是制度文化、组织文化一经形成，就应该保持相对的稳定。但是，稳定不等于停滞，相反，只有稳定，才能使广大师生员工有一个吸收前人创造的优秀文化成果的机会和条件。同时，只有发展，才能使广大师生员工有一个融合当今最新的先进文化成果的环境，从而推陈出新，创造出富有特色的大学校园文化，为社会主义教育事业发展做出贡献。因此，大学校园文化管理必须保持稳定，重视创新。

二、大学校园文化管理的工作队伍

大学校园文化管理的工作队伍，是大学校园文化活动的领导者、组织者，这支队伍素质的高低，直接关系大学校园文化建设的成败，因此，必须重视大学校园文化管理的工作队伍。

（一）大学校园文化管理工作队伍的组成

大学校园文化管理的工作队伍由专职干部队伍、兼职干部队伍和学生干部队伍组成。专职干部队伍是指专门从事大学校园文化管理工作的人员和大学校园文化各职能部门的工作人员，具体包括如下人员：系统的党委宣传部、学生工作部、党委办公室等及各院系党总支、党支部的专职人员，站在工作第一线的政治辅导员；行政系统的校长办公室、教务处、科研处、研究生处、学生处、总务处、图书馆等及各系行政的工作人员；群众组织系统的工会、共青团的干部；德育教研室、艺术教研室等部门的教师。

兼职干部队伍指在本职工作以外兼职从事大学校园文化管理的工作人员和参与校园文化建设中从教职员工中涌现出的积极分子队伍，包括班主任、导师和具有文体专长、有组织能力的担任师生各类文化社团、协会的指导教师或顾问等。这样一支热心大学校园文化建设事业，又有一定才能的兼职队伍，是大学校园中对学生影响很大的文化群体，对大学校园文化的建设具有重要指导作用。

学生干部队伍是指学生会等学生组织的骨干、各类社团带头人和文体活动的积极分子等，是在大学校园文化活动中有一定影响，能起重要作用的队伍。

（二）大学校园文化管理工作队伍的作用

大学校园文化管理工作队伍的作用有以下几方面：

1. 保证大学校园文化建设的社会主义方向

大学校园文化建设的成败，主要取决于方向是否正确，即是坚持社会主义方向，还是滑向资本主义方向的问题，焦点是是否坚持党的基本路线，用社会主义思想占领校园思想文化阵地，培养社会主义事业的建设者和接班人。大学校园文化管理干部有敏锐的洞察力、判断力和对复杂问题的综合处理能力，能够驾驭各种复杂的局势，牢牢抓住基本路线这个根本，带领群众沿着正确的方向前进。

2. 实施大学校园文化建设的总体目标

大学校园文化管理的工作队伍承担着具体制定大学校园文化建设的分段目标、年度目标和活动目标并付诸实施的重要任务。在这个过程中，他们能够贯彻执行党的教育方针，结合我国政治、经济和文化发展的实际情况以及本校的实际情况，制订出切实可行的计划，并按照计划分阶段、有步骤、扎扎实实地去实现大学校园文化建设的总体目标。

3. 正确选拔和培养、使用人才

大学校园文化建设需要各类文化人才的骨干带头作用，而大学校园文化干部队伍是大学校园文化建设的中坚力量。他们经常深入群众，和群众打成一片，因而能够发现各类文化人才，给他们创造条件施展才华，使其有用武之地，把聪明才智和一技之长尽情地发挥出来，从而在大学校园文化活动中形成较强的凝聚力和号召力，充分发挥其骨干作用，形成大学校园文化建设的骨干队伍。

4. 协调和处理各部门间、层次间的关系

在大学校园文化建设中，各部门间和层次间难免出现一些矛盾和冲突，大学校园文化的管理干部能够站在全局的立场上，为着共同的使命和一致的利益，本着对学校、对工作、对事业负责的精神，进行协调和处理，从而形成互相理解、互相支持、共同建设大学校园文化的合力。

5. 组织研究、探讨大学校园文化理论

理论是行动的先导，只有在实践的基础上认真进行理论探索，弄清大学校园文化的内涵、外延及其发展规律，才能更好地去把握它，以提高大学校园文化建设的科学性和自觉性，减少盲目性和失误。尤其是目前在高等教育体制进行改革的情况下，针对大学校园文化出现的新情况、新问题开展理论研究，更有其突出的意义。为此，大学校园文化管理干部应积极组织并带头参加校园文化理论研究，并注重大学校园文化理论队伍的建设，确定重点研究课题进行探讨，并注意收集、交流理论研究的信息，用理论研究成果指导大学校园文化建设。

（三）大学校园文化管理干部的素质

大学校园文化干部队伍的上述作用，要求其干部必须具有如下素质：

1. 较高的政治理论水平

这是对大学校园文化管理干部的最基本要求。为此，有关管理干部必须认真学习马列主义、毛泽东思想，学习邓小平同志建设有中国特色社会主义理论，坚决拥护党的路线、方针和政策，认真贯彻党的教育方针、群众文化方针和政策，执行有关法律和法规，在思想上和行动上与党中央保持一致。

2. 高尚的思想道德修养

大学校园文化管理干部必须热爱本职工作，对工作积极努力，敢于负责，乐于奉献，对同志宽宏大度、谦虚谨慎、热情友好，并以自己的模范行动来影响、教育和团结群众。

3. 一定的文化水准和多方面的艺术素养

大学校园文化建设是一项综合性很强的事业，要求大学生校园文化管理干部应具备一定水准的文化科学知识、群众文化业务知识和管理知识，并善于把自己的知识转化成发展大学校园文化事业的力量。因此，大学校园文化管理干部除具备一定的文化水平外，还应具有较多方面的兴趣、爱好和文艺才能，具备一两种较为精湛的技艺和专长，在活动中更好地发挥模范骨干作用，以提高大学校园文化活动的质量。

4. 较强的组织管理能力和联系群众的好作风

大学校园文化建设离不开师生员工的支持和参与，因此，对校园文化干部来说，任何时候都离不开发动群众、依靠群众。管理和组织才能既是其重要的基本功，也是其必须具备的基本素质。大学校园文化与广大师生员工密切相关，离开了广大师生员工，一切都谈不上。这就要求大学校园文化管理干部应该有民主作风，根据师生员工的需求开展大学校园文化活动，要求他们密切联系群众，想群众所想，急群众所急。所有这些，都是做好大学校园文化工作的保证，也是每个大学校园文化管理干部所具备的素质和修养。

（四）大学校园文化管理干部队伍的建设

大学校园文化建设要求有一支精干的管理干部工作队伍。而目前在一些学校里，大学校园文化管理干部队伍存在着素质不高、人心不稳、数量不足三个普遍问题，直接影响了大学校园文化的建设和发展。因此，必须采取切实措施，加强大学校园文化管理干部队伍建设，以适应大学校园文化发展的需要，促进大学校园文化的发展。

首先，提高管理干部工作队伍的素质。高素质的大学校园文化管理队伍，能够创造出高水平的管理和高质量的文化活动，从而使大学校园文化建设得到迅速的发展，培养出高水平的"四有"人才。提高大学校园文化管理队伍素质有以下几种途径：一是坚持有计划地选送思想政治素质较好的干部脱产参加学习和深造，如到艺术院校进行培训、进修，或参加有关培训班等，学习内容可根据大学校园文化工作的实际需要和学习者自己的实际情况加以确定。二是坚持不脱产在职培训，如参加函授学习，举办业余理论培训班、研讨会等，在不影响工作的情况下灵活安排，有的放矢地解决实际问题。三是坚持在实践中学习，在大量的繁杂的实际工作中引导大学校园文化管理干部动脑筋、想办法，处理实际问题。工作告一段落后，专门组织经验总结交流会，引导大学校园文化管理干部提高管理水平和各种解决问题的能力，从而达到素质的提高。

其次，要稳定一支坚强的队伍。大学校园文化管理干部存在着工作负担重、业余时间占用多、评定职称难等因素，致使大学校园文化管理干部队伍不稳定，一些人不安心工作，直接影响到大学校园文化的建设。对此，学校领导及有关部门的负责人必须给以重视。对大学校园文化管理干部要在政治上给以信任,工作上给以大力支持,业务上给以重点培养,生活上给以关心(解决住房和落实工资、职称待遇等实际问题),充分调动他们的积极性,在保持相对稳定的前提下,大学校园文化管理干部也可以合理流动,以不断补充新鲜血液,保持队伍的活力。

最后,要给足编制,保证队伍的基本规模。要按照师生员工的总人数与大学校园文化管理干部的适当编比,为大学校园文化专门组织机构和职能组织机构配备足够的大学校园文化管理干部。没有足够数量的大学校园文化管理干部,要在数千乃至万人以上规模的学校组织、指导丰富多彩、健康有益的大学校园文化活动,加强大学校园文化建设,是根本不可能的。

第五节　高职院校学生的自我管理及民主管理

一、高职院校学生的自我管理

（一）高职院校学生自我管理的内容

学生自我管理的内容，是由时代对高职院校学生的要求和历史赋予他们的使命决定的。概括起来，主要有思想素质、业务素质和身心素质三方面的自我管理，它们之间既有联系，又有区别，是相互作用、相互渗透的辩证统一体。下面仅就业务素质的自我管理做一简单的阐述。

所谓业务素质的自我管理，是指学生在老师的指导下，通过积累知识、发展智力和锻炼能力而进行的管理。首先，要树立正确的成才观。学生的成才，不仅是由他的知识、智能决定的，更主要的是由其正确的学习目的和勤于奋斗的精神所决定的。那些极端利己、自私的人，那些从自我出发，把个人利益置于集体、国家利益之上的人，不但不能成才，还可能会成为人民的罪人。只有那些具有远大理想和抱负的人，才会使知识、智能、素质、觉悟在自身中取得统一；只有那些把自己的前途和国家命运、民族未来紧密联系起来的人，才会在事业中有所建树。

其次，要掌握学习规律，完善知识结构。学生的主要任务就是通过艰苦而复杂的脑力劳动，不断增长知识，提高能力，掌握学习规律，完善知识结构。课堂学习是学生接受知识和教育的主要途径。预习、听课、复习是学生课堂学习的主要环节，也是学生加强自我管理的重要方面。学习还要学会自学。一个人要获得完全的知识，必须具备两个条件，即书本知识和实践知识。学习实践知识，就要深入下去，投身于实践，向社会学习，在实践中积累和完善自己的知识。最后，要完善和优化智能结构。智能是智力和能力的总称，是指一个人观察问题、分析问题和解决问题的能力。观察力、记忆力、思维力、想象力和操作能力是智力结构的五个要素。大学生业务素质的自我管理，必须加强对以上诸项能力的培养，完善和优化智能结构。

（二）学生自我管理的途径

学生自我管理是在家庭、社会和学校管理教育的灌输、诱导、组织、指导下，进行自我规划、自我调节、自我教育和自我完善的。由于人和社会环境的复杂性，学生实现自我管理的途径、方法也是多种多样、纵横交织和不断发展变化的。

1. 加强学校民主建设，促进学生自我管理

学校民主建设的本质是把广大教师、学生真正看作是学校的主人和学习的主体。在学校提倡科学、崇尚民主，为师生创造民主参与管理的机会，让他们在工作和学习中感到自己是社会的主人，是学校的主人，激发起稳定的、持久的自觉性和主动性，这样，学校才能有凝聚力，才能树立良好的学风、校风。如果学校不能顺应和满足他们的心理要求，仍然把他们作为纯粹的管理对象，采取命令式管理，只能压制学生的能动性，伤害学生的自尊心，其结果只会引起学生的逆反和不满。事实证明，良好的学风、校风的形成，主要不是靠行政管理的强制力量，而是靠群体的力量，群体规范和舆论这样一种无形的力量。因此，民主建设是学校培养人才的前提和保证，制度管理是加强高等学校民主建设、创造良好校园环境的保障。

我国高等学校的管理制度近年来逐步完善。这些制度明确了学生的道德和行为准则，为学校的日常教育、管理工作提出了一套章法。广大学生在思想教育和制度的约束中，不断调节自己的思想、行为，逐步把外压力变成内驱力，自觉遵守，自觉维护，才能取得显著效果。

民主管理要公开、平等。学生主体意识、平等意识的增强，要求学校的管理工作要公开、平等，以取得相互理解、尊重和信任。公开即是提高管理工作的透明度，平等即是管理者和师生平等对待、真诚合作。

在管理中，学校要尽量为学生创造知政、议政和参与管理的场所和条件，扩大和完善学生与管理的渠道，发挥他们在管理中的作用。学生参与学校管理，有归属感和主人翁感，能发挥集体的智慧，使决策更正确。同时参与管理也是调动学生积极性，培养学生能力，扩大学生与管理部门联系的好办法。

提高人的素质，实现民主管理。人是管理的核心，提高人的思想、道德、知识素质，是完善学校民主管理的首要条件。学校要加强思想政治教育课的教学，充分发挥党团组织的作用，发挥管理者、教师的作用，要鼓励学生参加教育改革，激励学生自爱、自强，采取各种形式帮助学生明确民主与集中、自由与纪律的关系，增加民主意识，树立正确的世界观和人生观。学生有了"精神能源"，学校民主管理才会有坚实的基础。

2. 搞好学生组织建设，强化学生自我管理

学生组织主要是指校、系、班级的学生会或班委会、团组织和其他社团组织。这些组织是学生自我教育、自我服务、自我管理的主要形式，也是学校做好学生管理工作的保证。

加强学生组织建设，要选好、用好学生干部。学生干部来自学生，他们既是受教育者和被管理者，也是学校管理干部的助手，还是学生活动的直接组织者和学生基层组织的管理者。要建设一个良好的集体，必须有一批优秀的学生干部，选好、用好学生干部对学生管理工作至关重要。

加强学生组织建设，要发挥学生组织的教育、管理功能。学生组织是学校系统中的一个子系统，加强组织建设，目的就是要发挥其作用。在教育方面，学生组织可以通过组织学生学习理论、时事政治、业务知识，通过举办演讲会、座谈会、报告会，组织学生参观、访问、调查和参加劳动等活动，帮助学生共同探讨理想与现实、自由与纪律、民主与集中、权利与义务、学习与工作、事业与爱情、个人与集体等方面的关系。依靠正确的导向，在学生中形成追求进步、关心集体的舆论，形成刻苦学习、勇于进取的良好学风，形成遵守法律、讲究道德的文明环境。在管理方面，

学生组织要依靠管理制度，配合教师和学校的管理干部，做好组织协调工作，提高管理效能。在服务方面，学生组织既要为学生服务，也要为学校服务。

加强学生组织建设，要改进管理方法。方法是完成任务、实现目标必不可少的手段，任何组织要实现管理目标，没有良好的方法，必然事倍功半。反之，管理方法得当，就会事半功倍。可见，采取好的管理方法，是提高效率的有效途径。学生组织的自我管理也不例外，一般来说，在学生组织自我管理中，制度管理法、榜样示范法、正面激励法、民主管理法等是不可缺少的。

3.加强社会实践活动，完善学生的自我管理

加强社会实践活动，首先要搞好教学过程中实践环节的自我管理，高职院校学生的根本任务是学习并通过学习提高自己的智力和能力，而教学过程中的实践活动正是学校为了使学生把所学到的知识运用于实践所安排的。作为学生只有扎实地掌握本专业的基础知识、基本理论和基本技能，才能称为合格的学生，所以，搞好教学过程中的实践环节是学生自我管理的首要问题，每个学生都是根据自己专业的特点和实践的要求，自觉地参加实验、实习、考察和劳动等实践环节，并做到勤学习、勤动手、勤思考、勤总结，努力提高自己掌握和运用知识的能力。

加强社会实践活动，还要搞好校内外实践活动的自我管理。校内外实践活动是教学环节的开拓和延伸，也是充分发展学生自己爱好、特点和长处的有效途径。搞好校内外实践活动的自我管理，一要根据自己的爱好和特长，组织或参加学校的社团活动，培养自己自主、自强的责任感，培养自己适应社会发展所需要的素质。二要积极组织并参加学校开展的各种竞赛活动，在活动中培养自己的参与意识、竞争意识和集体意识，锻炼自己的组织能力和社交能力。三要充分利用假期，开展社会调查和各种形式的社会服务，在参与中了解社会，坚定信念，促进自己全面发展。四要完善管理制度和管理措施，克服松散管理和多重管理现象。

学生自我管理的途径和实现自我管理的方法是多种多样的。不论采取哪种途径和方法，管理效果不但取决于社会、学校的关怀和支持，而且取决于学生自身的努力和修养。高职院校学生只有在学校、家庭、社会的教育、管理指导下，树立崇高理想，加强道德修养，善于学习，勇于实践，坚持把个人理想同社会需要，把个人命运同祖国前途结合起来，自我管理才能卓有成效。

二、高职院校学生的民主管理

大学生既是建立良好校园秩序的主体，也是建立良好校园秩序、达到培养人的目的的客体。建立良好的校园秩序目的是培养人，必须通过大学生内心的响应，通过自身的积极性和主动要求才有可能实现。

在社会主义国家，公民不仅是社会管理的对象，同时又是社会管理的主人。因此，中国的大学生在高等学校里，参与民主管理既是主体与客体统一的体现，又是中国大学社会主义性质的体现。

（一）大学生民主管理概述

1. 什么是大学生民主管理

大学生民主管理就是根据社会主义民主的本质，运用社会主义民主的形式，充分调动并发挥大学生内在的积极因素和自主精神，在学校行政管理人员的领导下，组织大学生参与管理，达到培养德、智、体、美、劳全面发展的"四有"人才的目的。大学生参与民主管理的目标具有社会主义的方向性，离开了社会主义的方向，管理就失去了目标，也失去了意义。大学生民主管理采用社会主义民主的形式，是民主集中制的民主，而不是无政府主义和极端民主化的民主。

大学生民主管理是高等学校大学生管理系统中的子系统，是大学生管理的一种形式，它的基本作用和形式是参与和监督。它在学校领导和老师的指导下，既可参与行政管理部门的管理，又可管理学生自己的事务。

2.大学生民主管理的必要性和可能性

校园秩序的一个重要方面是大学生学习和生活的秩序,建立良好的校园秩序要靠学校的科学管理,但如果没有大学生的参与管理,把建立良好的校园秩序作为自己的事情,那么,良好的校园秩序就难以建立,所以调动大学生参与民主管理的积极性,是建立良好的校园秩序的需要。发动大学生参与民主管理不仅可以提高管理效能,而且可以在管理实践中提高他们的才干,这正符合我们培养目标自身的需要。

当代大学生自主意识较强,对"受人管"往往持反感态度。但是实践证明,他们的"自主"往往带来很大的随意性,没有学校的严格管理和引导不利于他们的健康成长。当代大学生的参与感很强,愿意通过参与管理提高自己的才干和能力。因此,调动大学生参与民主管理的积极性,既是必要的,也是可能的。

3.大学生参与民主管理的意义

通过大学生参与民主管理,使大学生在实践中接受社会主义民主教育,培养大学生正确的政治观点、正确的社会主义民主意识和民主精神,这对于培养社会主义一代新人,对于全社会政治上的安定团结都具有十分重要的意义。

大学生参与民主管理,可以沟通学校领导和学生之间的信息渠道,密切学校领导和广大学生的联系,有利于建立良好的师生关系;有利于学校领导及时了解学生的情况,克服官僚主义,改进工作作风;有利于政治上的安定团结;有利于培养一批有领导才干、有管理能力、有献身精神的政治上的积极分子,这对于党的建设和社会主义的事业都有着重要的意义。

(二)大学生民主管理的组织形式

1.学生民主管理的组织

大学生的组织包括共青团组织和学生会组织,就学生参与民主管理的目标和方法来说,二者都可以看成学生民主管理的组织形式。共青团是党的助手,是先进青年的群众性组织,学生会是大学生的群众组织,他们各自的目标和任务虽不尽相同,但是就建立良好的校园秩序、培养社会主义建设人才的总目标来说,又是完全一致的。

共青团组织和学生会组织都要在学校党组织和行政管理系统的领导下开展活动。无论哪一个组织都不是完全独立于学校党政领导之外的,所以都不能称为自我管理组织。

班级组织和团支部组织是学校实行民主管理的最重要的基本组织,调动这些组织中大学生民主管理的积极性,完善民主管理制度,对于建立良好的校园秩序,具有特别重要的意义。

2. 学生介入学校管理系统参与学生管理的形式

这是通过学生代表参加有关学生管理会议,反映学生的意见、要求等方式实现的。比如,有的高职院校聘请学生代表出任行政领导干部的助理等,就属于这一种形式。

3. 专业性的学生民主管理组织

比如,有的学校建立学生宿舍管理委员会、伙食管理委员会、卫生管理委员会、治安保卫管理委员会、纪律管理委员会等,通过学生自己处理或协助学校处理问题,维持校园秩序。这些组织在行政管理部门的领导、协助和支持下组织起来并进行工作,但不能自行制定和学校规章制度相抵触的管理制度。

(三)大学生民主管理的原则

大学生参与民主管理必须遵循以下原则:

1. 导向的原则

民主管理的导向就是把民主管理引导到坚持四项基本原则,反对资产阶级自由化,坚持遵守法律、法规以及学校的纪律、条例,坚持党的教育方针,坚持正确的道德取向等。导向正确,不仅使民主管理不迷失方向,而且能培养学生守法、守纪的意识和习惯。

2. 自主和尊重的原则

民主管理要调动学生的积极性，就要充分发挥学生的自主精神，减少依赖性。要充分相信并支持他们自己做出的符合原则的决定，有了错误，也要尽可能启发学生自己去纠正，要避免伤害他们的自尊心。管理者的责任是加强领导并及时给予指导，尽量不要代替学生做出决定，要尽可能让学生站在管理的前台。

3. 启发的原则

有些在管理者看来是简单的事，大学生可能会争论不休，这是由于学生缺乏实践经验。管理人员只能给予适当的启发，尽可能由学生自己去做结论，不要轻易代替学生做出选择，简单地指出结论。

4. 充分讨论的原则

民主管理比指令性管理复杂得多，来来回回地讨论，要花去很多时间，但只要是认真讨论，时间就不会白费。

5. 允许犯错误的原则

民主制度本身包含着产生错误的可能性，因为多数原则只服从多数，而真理有时在少数一边，要求学生在民主管理中一定不出错误是不现实的，有时正是在错误中才学到了更多的东西，关键是出了错要勇于承担责任，勇于改正错误。有时管理干部要代替学生承担责任，培养一种负责精神。

6. 民主程序的原则

实行民主管理一定要遵循民主管理的程序，只有严格遵守民主程序才能在实践中提高学生民主管理的积极性和民主精神、守法意识。

（四）加强对大学生民主管理的教育和引导

调动大学生民主管理的积极性，必须加强对大学生的教育和引导。

1. 要加强社会主义民主理论教育

对于什么是民主，许多学生谈得多而实践少，存在不少糊涂观念。邓小平同志说："我们在宣传民主的时候，一定要把社会主义民主同资产阶级民主、个人主义民主严格地区别开来，一定要把对人民的民主和对敌人的专政结合起来，把民主和集中、民主和法制、民主和纪律、民主和党的领导结合起来。"这是进行社会主义民主教育的指导思想。大学生参与民主管理如果缺乏社会主义民主理论的教育，就有可能走偏方向。

2. 要加强民主管理中的责任意识教育

参与学校民主管理不仅仅是尽义务，也是大学生的权利。无论是履行自己的义务还是行使自己的权利，都离不开正确的责任意识，尽义务是一种责任，行使权利也有责任，而这种责任的目标取向就是学校对学生的培养目标。责任意识的强弱和民主管理的效能成正比。

3. 在管理实践中帮助学生干部树立良好的作风

要培养学生干部密切联系群众的民主作风，批评与自我批评的作风，谦虚谨慎、戒骄戒躁的作风以及勤俭节约、艰苦奋斗的作风。管理干部自身的良好作风也将对学生产生潜移默化的教育作用。

4. 支持和帮助学生参与民主管理工作

对参与民主管理的学生，在强调为人民服务的前提下，要根据其不同的职责，给予不同的物质和精神支持。

发动学生参与民主管理，管理干部要依靠一批积极分子，一批在群众中涌现出来的能干人才。必须重视对他们的个别教育帮助，既要以诚恳、热情、耐心的态度帮助他们解决生活、学习、工作中的具体问题，帮助他们总结工作中的经验教训，也要帮助他们解决工作中的思想和认识问题；要和他们建立良好的友谊、密切的关系和深厚的感情，要把培养爱护学生干部和培养党的积极分子统一起来。

第六节　大学生的生活秩序与宿舍管理

一、大学生的生活秩序

（一）校园秩序概述

高等学校要开展各项工作，除了必须具备基本的物质条件外，另一个重要的前提即要建立正常的校园秩序。校园秩序的范围很广，涉及校内各方面的人和事。其中与大学生密切相关的主要是大学生的学习秩序、生活秩序（主要指日常生活）和治安秩序。学习，是在校大学生的主要任务。建立正常的学习秩序是教师开展教学的前提，也是学生获取知识的重要条件。学习秩序可分为课内学习秩序和课外学习秩序。课内学习指课堂教学（包括实验等）与考核，有关的制度如课堂纪律、考试纪律、教室管理规定、实验室管理规定和学籍管理规定等；课外学习指学生在上课以外时间里的学习，如学生自修或做作业、到阅览室查阅参考资料等。大学生不仅在校园内学习，也在校园内生活。因此，必须就他们的饮食、住宿、医疗等方面建立起正常的秩序，只有这样，方能使他们以健康的体魄、充沛的精力投入到学习中去。

维护好校园的治安是建立良好稳定的育人环境的重要环节。高职院校是社会的有机组成部分。在国际国内依然存在着反动势力和敌对分子的环境，校园的安全难免会受到来自外部和内部两方面的影响，出现一些反常事件。这些事件有的是自然形成的，有的是人为形成的。在人为事件中，有的是故意破坏，有的是过失所致。为了消除各类反常事件的苗头，严防敌对、破坏分子的捣乱，维护安定的校园环境，必须建立严格的校园治安秩序，一般高职院校中都建立了许多治安管理的制度，如门卫制度、证件管理使用办法、防火安全管理规定、危险物品管理办法、校园治安管理办法等，有的较大的高职院校还制定了校园交通管理办法等。

（二）建立校园秩序的一般过程

任何一方面的管理从无序到有序是需要经历一段过程的，校园秩序的建立一般需经历以下几个环节：

1. 明确建立秩序的目的

在正常情况下，人们都是有目的地支配自己的行为。要建立校园某方面的秩序，首先要明确期望达到的目的。宏观地说，我们建立秩序的目的是培养合格人才；微观地说，是针对具体问题来讲的，建立某种秩序是为了使某方面的工作能按一定的规律进行，实现某一具体目标，提高工作效益和效率。比如，我们为了保证教学活动的正常进行，需要建立良好的课堂秩序，使课堂教学按计划进行，在规定的时间内将知识传授给学生，实现预期的目标。又如，我们为了让学生有一个安全、宁静的学习环境、生活环境，以便精力集中地投入学习，同时也为了督促学生自觉遵纪守法，必须建立校园治安秩序，排除各方面的干扰，使蓄意破坏者无机可乘，使失足青年迷途知返，使糊涂学生幡然醒悟。

2. 建立规章制度

制度，是要求大家共同遵守的办事规程或行动准则。为了帮助秩序的建立，维护秩序的持久，一般都需靠制定规章制度来予以保证。规章制度都有一定的针对性，但适用的范围各有不同。有的是在较大范围内起重要指导作用的制度，有的则是某方面具体事情处理上的程序、规定，如阅览室的《图书借阅规则》《学生证、校徽管理规定》等。建立制度必须符合科学性、民主性、一致性和可行性原则。

3. 做好宣传教育工作

做好宣传教育工作，对保证制度得到良好的执行具有重要意义。在制度出台前，可根据学生的实际思想情况进行一定的、有意识的舆论引导。在制度出台后，则要大力宣传建立制度的目的和意义等，组织学习制度规定的具体内容，甚至要解释具体条例。在制度实施过程中仍然要结合实施情况进行联系实际的宣传教育，以维护制度的严肃性及提高学生执行制度的自觉性，更好地发挥制度的规范与教育作用。

4. 认真组织实施

制度一经建立，就要认真组织实施。在实施过程中应力求做到从严、求细和与人为善。校园制度是学校的法规，是要求人人都能遵守的准则。如有人违反了制度，就应按规定做出裁决，予以处理。不徇私情，不惧压力，不受干扰，公正处事，是维护制度严肃性和秩序稳定性的根本保证。执行制度光有魄力，缺乏认真细致的作风也是不足取的。特别在处理违纪事件时，材料要可靠，证据要充分，判断要准确，处理要适度，总之要慎重，要耐心、细心、专心地对待处理的每一个环节。对违纪者做出惩处并非为了置其于死地，目的在于惩前毖后，治病救人。

5. 加强检查与反馈

规章制度付诸实施后，秩序也就基本形成了。然而，实际效果是否理想，管理状态是否如意，必须进行检查，并及时将信息反馈到管理部门。管理过程中往往不乏这样的教训：制度定了不少，也布置了实施，但由于缺乏检查，实施过程中的矛盾和阻力不能及时得到解决，时间一长，制度成了一纸空文。不仅秩序得不到保证，还有损于制度的严肃性和管理部门的权威性，削弱了学生遵纪守法的意识。为此，许多学校都将"检查制度执行情况"作为制度本身的一项内容，与制度同时实施，使执行制度有了进一步的保证。当然，校园秩序基本形成后，并非可以一劳永逸。因为外界的环境在不断地变化，大学生的思想是活跃的，校内的学生在不停地新老更替着，大学生管理永远是动态的管理。旧的秩序会逐渐失去或部分失去其合理性，这时，我们应该依据新的情况——经济的、政治的、文化的等新环境和新需要及时地加以调整或更新。

二、大学生宿舍管理

宿舍是大学生睡眠、休息、学习和人际交往的地方，是大学生的主要活动场所之一，大学生在宿舍的时间几乎占整个大学生活时间的一半。

加强宿舍管理是建立良好校园秩序的一个重要组成部分,是贯彻党的教育方针,培养德、智、体、美、劳全面发展的"四有"人才的一个重要阵地。学校要建立健全学生宿舍管理制度,并指定职能部门负责管理,学生则需遵守宿舍管理制度。对大学生宿舍管理,各级教育行政部门要重视,学校的书记、校长更要重视,学校的教师和各个部门的职工都应重视。

(一) 大学生宿舍管理的作用

学生宿舍管理在大学生管理工作中具有重要的作用。在宿舍这个生活空间里,几乎涉及有关大学生管理的所有问题,仅仅把大学生宿舍管理看成一种单纯的后勤服务的认识是片面的。前些年,由于忽视了大学生宿舍的管理,以致有些大学生宿舍成了资产阶级自由化滋生的温床,成了违法乱纪的场所。可以这样说,大学生宿舍是无产阶级和资产阶级争夺青年一代的重要场所之一。严格大学生宿舍管理有利于大学生的健康成长,具体作用有以下几点:

1. 德育作用

加强宿舍管理,营造良好的宿舍文化氛围,可以使人高尚、完美,增长集体主义和团结友爱精神,养成助人为乐、热爱劳动、文明卫生等良好的习惯,有利于把学生培养成"四有"人才,相反,则容易使资产阶级自由化侵入。

2. 智育作用

加强宿舍管理,为大学生创造休息和学习所需要的安静、舒适、整洁、优美的环境,有利于学生搞好学习。

3. 美育作用

每个学生都自觉不自觉地用自己对美的理解来创造宿舍美。如果缺乏宿舍管理中的美育管理,各种丑恶现象、低级庸俗的东西、资产阶级腐朽思想和堕落行为都可能产生。所以,加强宿舍管理,对美育有十分重要的作用。

4. 纪律教育的作用

目前，大学生中的违法乱纪行为很多都发生在宿舍里。因此，加强宿舍管理，在整顿校风校纪、建立良好的校园秩序中具有特别重要的作用。

（二）大学生宿舍管理的基本原则

（1）坚持正确的社会主义政治方向。宿舍管理一旦离开了社会主义方向，那些腐朽没落的东西，错误的、反动的政治毒菌就有可能繁衍滋长，造成严重的精神污染和资产阶级自由化泛滥。这是有前车之鉴的。

（2）管理和教育相结合。管理具有强制性，要严格执行学校制定的宿舍管理规章制度，必须把管理和教育结合起来，两者相辅相成、缺一不可。

（3）管理与服务相结合。第一，管理本身就是服务。我们管理工作直接为学生的健康成长服务，也就是为社会主义事业服务；第二，服务本身也是管理，为学生提供生活和学习的方便，保障宿舍环境的宁静、舒适和安全，这是服务，也是管理。所以，应该通过服务加强管理。

（4）原则性和灵活性相结合。涉及政治方向、法纪校规、道德品质等原则性的问题，一定要管，而且要管好、管住。对那些只涉及个人方面的非原则性问题，不要随便上纲为原则性问题，对有些比较复杂的、不宜简单做是非判别的问题，要灵活处理。

（5）民主参与。宿舍管理的出发点和归宿都是为了学生的利益，有利于学生的成长，这是大学生参与宿舍民主管理的基础。大学生参与管理的骨干越多，积极性越高，管理越认真，宿舍管理的成效就越大。

（三）大学生宿舍管理的实施

1. 领导重视，理顺关系，健全机构

首先是学校党委书记和校长要重视，党的思想政治工作部门的领导同志要重视，各级管理部门的领导也要重视。学校各级领导要深入学生宿舍，了解和关心学生的生活、思想、学习等各方面的问题，以便及时制定对策，解决问题；学校的教师要管教管导，也要深入学生宿舍了解学生学习、生活情况；后勤生活保障部门要把宿舍的物质保障和食堂一样放在后勤生活服务的主要地位；学校行政管理部门和思想政治工作部门要把相当一部分甚至大部分注意力放在学生宿舍的管理上；安全保卫部门工作的注意力也要重点放在学生宿舍的管理上。不能把宿舍管理工作看成单纯的服务工作，宿舍管理一定要领导重视，齐抓共管。

其次要理顺关系，健全宿舍管理机构，做到纵向指挥有力，横向配合密切，不发生推诿和扯皮现象。宿舍管理机构要本着少而精的原则和各个学校的实际情况设置，通常可在学校党政统一领导下设立宿舍管理委员会，在该委员会下设职能部门，如宿舍管理科，在各个宿舍设宿舍管理站、室。与宿舍管理站平行，还可由学生组织宿舍民主管理委员会，每一层楼设民主管理小组，各寝室设寝室长等。

宿舍管理委员会可在一名副校长或党委副书记领导下，由团委、学生处、总务处、保卫处、各系（科）、学生会等部门的领导干部组成，它的主要任务是制定宿舍管理目标、制度，研究宿舍管理中的问题，并提出解决问题的方法，协调各方面的力量，加强宿舍管理。

学生宿舍管理科是宿舍管理的具体办事机构，它既是管理机构，也是教育和服务机构。行政上可以属总务处领导，学生处配合工作，也可属学生处领导，总务处配合工作。它的具体任务是：维护宿舍管理规章制度，负责宿舍的后勤供应和生活服务，帮助解决并处理学生在宿舍发生的问题，负责宿舍的安全保卫工作。宿管科要由有实际工作经验和能力的同志负责宿管站的工作，配备一定数量的管理和服务人员，提供服务和负责安全保卫工作。

2. 严格执行并健全宿舍管理制度，完善生活服务设施

规章制度的制定要根据大学生的培养目标以及学生管理的总目标，适合中国人的生活习惯和社会主义精神文明的要求，同时要结合各个学校的具体情况。总的原则是严格管理，建立良好的宿舍秩序。

（1）政治上要坚持党的四项基本原则，反对资产阶级自由化思潮在宿舍的传播，禁止一切非法组织和非法活动。

（2）品德行为上，禁止一切腐朽没落、黄色颓废、伤风败俗的行为

和资产阶级生活方式的传播，禁止打架、赌博、斗殴、酗酒、聚众喧哗等有违公共道德的行为。

（3）保证正常生活秩序，维护良好的宿舍环境，要有严格的作息制度、清洁卫生制度、会客制度和男女交往制度。

（4）安全防范制度方面，要有未经批准不得留宿的制度，注意人身、财产安全和防火、防盗、安全用电的制度。

（5）要有爱护公共财物、损坏公物处罚和赔偿的制度。此外，寝室应订立文明公约，制定为引导大学生开展各种精神文明活动设立的奖励制度，以及违反上述规定的处罚制度。规章制度的执行要发扬民主，发动学生讨论学习，参与民主管理，参与监督执行。

在严格宿舍管理的同时，宿舍后勤保障工作和服务工作一定要跟上。在条件允许的情况下，要尽量注意改善学生的住宿条件。要保证基本的生活服务，水电要保证正常供应，房屋家具要及时修理。要尽可能增加生活服务项目，如电话服务、邮政服务等，尽可能给学生的生活提供方便。

3. 发动学生参与民主管理，开展各种精神文明活动

大学生参与宿舍管理既是大学生的权利，又是他们维护正常宿舍秩序的义务。大学生参与宿舍民主管理，有利于实现宿舍管理目标和维护宿舍的良好秩序，监督宿舍规章制度的执行，创造一个良好的宿舍环境，是管好宿舍的有效方法。

要发挥全体学生管好宿舍的内在积极性，除了参与民主管理以外，还要发动全体学生开展精神文明活动，如在校爱卫会的领导下开展宿舍卫生评比检查，在团委、学生会领导下开展创文明寝室活动，还可以和当地驻军开展"军民共建精神文明"活动，既可去部队营房参观学习，又可请解放军干部、战士来校指导帮助开展"文明寝室竞赛"活动，包括寝室的内务卫生整理等。

总之，宿舍管理是一个必须引起各级领导重视的重要问题，因为这是实现培养目标的重要阵地。

第六章　互联网时代下高职院校学生管理

第一节　互联网时代下高职院校学生事务管理

学生管理工作在当前新时期是高职院校学生事务管理工作者的一项重要工作，随着互联网的发展，新媒体技术为高职院校学生事务管理工作提供了便捷有效的信息化手段。作为高职院校学生事务管理工作者，应当适应现代网络的发展，转变工作理念，改变工作方式，将网络新媒体等现代化信息技术与大学生思想政治教育、学生管理和学生服务相结合，不断提高学生事务管理的科技含量，实现高职院校学生事务管理科学化、信息化发展。

高职院校学生管理工作担负着培养高素质大学生的重要使命，是高职院校人才培养工作的重要组成部分，是提升高职院校人才培养质量的重要抓手。随着科学技术的迅猛发展，互联网以及新媒体技术在高职院校学生中得到广泛应用，大学生通过网络认识外界、获取知识、表达情感等现象也越来越普遍。因此，高职院校可以利用互联网技术对大学生在学习、生活、交流中产生的各类信息进行采集，并通过与现行的学生信息进行整合分析，准确掌握学生实际情况，有针对性地开展大学生思想政治教育、学生管理和学生服务等活动，从而使学生事务管理工作更加科学化、精准化。

一、互联网在高职院校学生事务管理中的作用

（一）有利于推进大学生思想政治教育的开展

大学生思想政治教育的目的在于提高学生的综合素质，促进学生全面发展。伴随着智能手机的普及，高职院校学生习惯通过微信、微博、QQ等网络社交软件，与人进行沟通，分享自己的事迹和情感，自然地表达自己的想法和最真实的生活状态，更真实地反映自己的内心世界。因此，高职院校可以合理结合互联网技术的优势，通过在线监测大学生的网络社交情况，及时有效地掌握大学生的思想状况，有针对性地开展思想政治教育。同时，高职院校还可以利用两微一端等大学生常用的网络社交平台，通过大学生喜闻乐见的互动方式，主动作为，积极传播正能量，占领网络制高点，积极开展大学生思想政治教育工作，正面引导大学生成长成才。

（二）有利于学生日常管理工作的有序开展

以往高职院校学生日常管理工作，因为面向的学生数量较为庞大，涉及的学生数据纷繁复杂，加之学生群体管理过程中存在诸多复杂化的问题，所以一直困扰着高职院校学生日常管理工作的有序实施。互联网技术的诞生可促使学生管理工作得到全方位的落实，使得这些问题能够得到有效的解决。高职院校学生事务管理工作者可以借助学生管理软件，如今日校园、超级校园等，依据学生姓名、学号等基本信息，针对学生群体的有关工作实施有效管理，不但节约了时间，还可以减少诸多复杂的流程，提高工作效率和工作质量。同时，互联网技术在优化和改进高职院校学生事务管理工作方面也提供了诸多的支持，如便利获取信息数据，及时反馈学生信息，切实提高学生群体信息采集数量和种类，继而更多地掌握学生群体信息。

（三）有利于实现经济困难学生精准资助

精准资助是高职院校学生资助工作的必然要求，传统的资助考查方

式对于大学生的真实经济状况缺乏有效反映，比如，贫困学生由于自卑或者自尊心太强不愿过多透露自己的家庭情况，在进行信息统计时导致数据信息与实际情况不符，再加上人为因素的影响，使得资助工作难以完全实现规范性和公正性。将互联网技术应用于学生资助工作中，通过网络技术监测学生的日常消费等情况，更加及时、更加人性化地了解大学生的生活，并通过多渠道采集高职院校学生的基本情况，创建涵盖面更广的受助学生相关信息数据库，制定更加科学合理的贫困生认定机制，避免人为疏漏或主观误判，实现真正意义上的精准资助，从而使国家、高职院校和社会等层面的资助能够真正用于需要帮助的困难学生。

（四）有利于促进毕业生精准就业

目前，全球经济下行，中小企业特别是小微企业经营困难，全国高职院校毕业生人数又连年创历史新高，高职院校毕业生面临着日益严峻的就业压力。而且，绝大多数高职院校毕业生对自身认识不足，没有明确的就业意向、职业规划和对市场就业需求的判断。因此，高职院校可以利用互联网技术收集学生的性格类型、学习成绩、兴趣爱好、培训经历、就业技能等基本信息，有针对性地进行个性化分析，得出最接近学生本人实际情况的切实可行的就业定位，最终向学生提出更加精准的就业指导。同时，高职院校还可以通过互联网技术实时地向学生推送就业信息，推荐招聘单位，分析就业形势、就业政策，分享求职技巧等，更好地为毕业生提供指导和服务，提升毕业生的就业质量。

（五）有利于精准预防学生心理疾病

在大学生的成长成才过程中，身心健康安全是保证大学期间学习、生活、交往等一切正常发展的基础，受环境因素、人际关系、情感障碍、学业压力、就业压力等影响，大学生容易出现身心健康问题。高职院校可以利用互联网处理速度快、时效性高的特点，通过学生日常使用的QQ、微信、微博以及朋友圈等对外社交平台，及时掌握学生的心理健康状况，动态收集学生的生活轨迹和心理表达情况，通过收集和分析学生的行为信息，一旦发现学生出现身心健康问题，能够第一时间进行干预指导。尤其是针对心理问题学生，对其动态保持实时掌握更是保障学生安全的重中之重，运用互联网技术能够更全面地了解学生的心理状况，保障学生的健康安全。

二、高职院校运用互联网创新学生事务管理的途径

（一）强化高职院校学生管理工作者的互联网意识

在当前互联网时代大背景下，互联网技术在我国已逐渐普及。截至 2019 年 6 月，我国网民人数已高达 8.54 亿人，其中学生人数占比最高。针对这种情况，传统的学生管理理念和管理方式已经不能适应当今高职院校，因此，高职院校学生管理工作者必须要重视思想观念的转变，树立正确的互联网意识，做到与时俱进，适应时代发展，将互联网技术有效地融入日常工作中。同时，高职院校学生管理工作者应该主动学习各种网络应用技术，提高自身对数据的敏感度，充分利用互联网技术对学生情况信息进行收集、整合和分析，筛选出其中有价值的信息，用直观准确的数据代替原有的经验管理，运用互联网思维模式解决实际问题，将互联网管理理念真正融入高职院校学生事务管理工作中，为学生管理工作的顺利开展提供有力的支持。

（二）提升学生工作队伍的信息化知识水平和技能

在互联网背景下，高职院校学生管理工作者每天需要面对纷繁庞杂的信息，如何从这些庞杂的数据中筛选出有价值的信息，分析出信息背后所隐含的深层次的意义，都需要高职院校学生管理工作者具有较强的处理信息和解决复杂问题的能力。由于互联网技术的专业性，需要专业的数据处理人才来进行管理，为了确保高职院校学生事务管理工作的专业性，要求不断加强对高职院校学生事务管理工作者的信息化知识和技能的培训力度，定期对高职院校学生事务管理工作者进行互联网处理能力的培训。通过不断参加各类技术培训，使其能够熟练掌握信息的处理方

法，提高计算机使用能力和信息的处理和分析能力，以便于通过对信息的挖掘整合分析及时掌握学生的思想情况和学生所关心的热点问题，精准有效地开展学生教育管理和服务工作。

（三）创新工作机制，建立顶层管理制度体系

意识到互联网技术的重要性和使用价值，就必须从机制着手，从顶层设计开始，创新学生教育管理体系，建立互联网驱动的高职院校学生事务管理新模式。高职院校应不断深化学生管理的信息化程度，根据高职院校自身学生管理现状制定相应的信息化管理制度，开发具有高职院校特色的学生管理信息体系，明确每一个环节工作需要，从信息采集，到信息整合分析，最终获得具有针对性的结论，构建全方位的互联网驱动机制。并严格规范各项工作的制度，形成工作任务明确、操作流程规范、数据质量可靠、工作责任落实的管理制度体系。以互联网信息化的综合管理为契机，实现对学生管理和教育的科学化、定制化和个性化，不断满足学生发展的要求。

（四）做好数据信息监督管控，加强信息安全管理

社交软件在互联网时代下已得到高职院校师生的广泛运用，尤其是高职院校大学生对于网络的依赖很强，不少学生在网络平台上分享自己的事迹、情感，高职院校学生管理工作者为了工作需要，也会建立各种学生工作群，比如，微信群、QQ群等。因此，高职院校学生管理工作者可以时常关注学生的网络信息，了解学生的所思所想、兴趣爱好和活动行为。但与此同时，网络具有很强的开放性，海量的信息中必定会存在虚假信息，作为高职院校学生事务管理工作者，要提高辨别信息真伪的专业素养，从海量的信息中进行有效的筛选过滤，提炼有价值的真实信息。而且，高职院校学生事务管理工作者要做好信息安全的管理工作，避免出现信息泄露的问题，及时发现不良信息，防范危险因素的入侵。高职院校应建立网络信息监控系统，有效防止外界入侵，避免信息泄露，保证学生的信息安全。同时，也能够很大程度上杜绝网络不良信息传入校园网内，

从而引领学生健康成长。

　　高职院校学生管理工作的开展，直接影响着学校教育工作质量和水平。随着互联网时代的到来，高职院校的学生管理工作从形式和内容等各方面都发生了深刻的变化，高职院校学生管理工作者应该结合互联网时代的影响，重新审视学生管理工作的变化，强化互联网意识，树立正确的管理观念，熟练掌握运用互联网知识，科学利用互联网技术和技能处理学生工作，以此正确引导高职院校学生的思想政治教育，帮助高职院校学生实现自我能力的提升，为高职院校的可持续发展和学生的成长成才贡献一份力量。

第二节　互联网时代下高职院校学生日常管理

国家实行"互联网+"战略，对高职院校学生管理提出了新的挑战。作为学生管理者，应该从实际出发，积极应对，建设和完善网络宣传阵地，引导学生积极向上。同时，在日常管理中，以学生为本，成为学生的引路者。

网络作为继报纸、广播、电视之后的"第四媒介"，是传播速度快、信息容量大、覆盖范围广的一种全新传媒，具有高度开放性和全球交互性的特征，对当代大学生思想政治教育产生了重要影响。2015年，国务院颁布了关于积极推进"互联网+"行动的指导意见，认为"互联网+"是把互联网的创新成果与经济社会各领域深度融合，推动技术进步、效率提升和组织变革，提升实体经济创新力和生产力，形成更广泛的以互联网为基础设施和创新要素的经济社会发展新形态。同时，鼓励学校利用数字教育资源及教育服务平台，逐步探索网络化教育新模式，扩大优质教育资源覆盖面，促进教育公平。这对于高职院校的学生管理而言，也成了一个新的挑战。

一、"互联网+"时代高职院校学生日常管理面临的挑战

高职院校学生日常管理是学校管理工作的重要组成部分，高职院校的学生管理是指高等学校通过非学术性事务和课外活动对学生施加影响，以规范、指导和服务学生，丰富学生校园生活，促进学生发展成才的组织活动。高职院校的学生管理面对的是世界观、人生观、价值观正在形成的青年一代，因此，对大学生的管理和引导就显得尤为重要。同时，面对互联网的加速普及和新媒体时代的到来，给高职院校生的日常管理也带来了新的挑战。

"互联网+"时代对于高职院校思想政治教育工作的挑战。随着互联网的普及，各种信息呈爆炸性发散，各种新技术极大地方便了人们的生活，在此过程中，学生能够接触到的信息也越来越多。而在这些信息中，也掺杂着一些不利于大学生身心健康的信息。同时，有些网站为吸引人们进入，采取的方式不是加强内容质量、提高服务水平，而是采取利用人们的猎奇心理，将新闻的标题起得耸人听闻，甚至歪曲事实，而在这些新闻中，负面信息也在逐渐增多。

在此过程中，由于网络信息的非理性和从众性，导致在接触网络信息的过程中，部分学生缺乏辨别能力，导致自身更多地被负面信息围绕，而缺乏对正面信息的接收。如果在这一过程中不加以及时的引导，那么很容易就会导致学生变得对事偏激，影响了个人的正常发展。

"互联网+"时代对于大学生个人素养和能力的挑战。在笔者的实际工作中发现，现在很多大学生都存在着眼高手低的现象，认为自己上了大学，比别人厉害，而且在脱离了父母的监督后，放松对自己的要求，遇事不冷静。同时，由于互联网的便捷，个别学生遇事不愿意按部就班，他们每天接触到的都是如何一夜暴富，某人如何幸运地获得成功这样的信息，不愿踏实做事，总想走捷径，心浮气躁。

同时，由于网络上各种信息存在匿名性，部分学生在网上随意发言，甚至为宣泄个人情绪，发布一些与事实完全相反的信息。在此过程中，就可能被有心人加以利用，造成严重的后果，甚至造成对自身的伤害。

"互联网+"时代对于高职院校危机事件处理能力的挑战。在当今网络飞速发展的时代，信息传播的速度极快，范围也变得更广。同时，很多学生更乐于借助网络来反映自己遇到的实际困难、困惑和不满，而不是直接找老师解决问题。如果个人的意见和观点没有得到重视或被延误，个人情绪容易激化，进而演变成群体问题。

在笔者的日常工作中，曾经有一名学生因为对学生会干部的工作不满，给老师发信息反映问题。由于老师没有及时回复，该生觉得学院、老师对其不重视，甚至觉得老师偏袒学生会干部，20分钟内在百度贴吧连续发表对学院、老师、学生会的攻击性言论。随后，网络上就出现了大量跟帖，均是对学校不利的言论，造成了较坏的后果，对于学校和学院的形象都造成了负面影响。

由此可见，在当今网络飞速发展的时代，随着人们表达个人观点和想法的自由度越来越高，任何人都可以通过邮件、论坛、微信、微博等随意发表言论，更加剧了危机事件的发生，对高职院校的学生管理者而言，也成了一个新的挑战。

"互联网+"时代对于高职院校辅导员老师个人能力的挑战。当前高职院校中，还有部分学校并不重视对辅导员的选拔，而是采取将新进教师直接安排至辅导员岗位，造成了现在部分高职院校辅导员的专业五花八门，但真正涉及管理的却很少。同时，由于辅导员工作是一份良心活，干多干少不好量化，有些辅导员上岗后不思进取，只想干满几年后转岗，对学生管理工作得过且过。此外，随着互联网的发展，各种新技术也不断涌现，而许多辅导员却并不关注，或是限于自身的专业，无法更好地利用新技术来方便管理，造成与学生的脱节。

二、"互联网+"时代高职院校学生日常管理的改变

针对当前学生管理实际，笔者认为，应加强以下几方面的工作：

充分利用网络，开拓网络思政阵地，积极引导学生。当前是一个信息爆炸的时代，各种信息纷至沓来，而且现在各个国家都十分重视文化输出。在面对网络上各种各样、良莠不齐的信息时，作为高职院校的学生管理者，不能逃避或是被动接受，而是应该积极面对，应该及时处理和应对网络上出现的各种情况，掌握网络舆论的主动权。

同时，应积极开拓网络思政宣传窗口，大胆发声，向学生宣传正面的、及时的信息，积极引导广大青年学生。此外，由于网络言论的从众性，还要注意对网络舆论的主导者的充分发挥，占领舆论的制高点。

坚持以学生为本，引导学生提高自身素质。由于现在大部分学生存在

感性大于理性的情况，因此，在日常学生管理中，更应该站在学生的角度来考虑问题，做到以学生为本，在日常工作中，注重实行"爱、严、细"的管理方式，积极引导学生提高自身素质和修养。

对于网络，也不要简单将之视为洪水猛兽，也应看到其积极的一面。高职院校的学生管理者，尤其是辅导员，要及时跟进网络热点，掌握情况，这样才能在与学生的交流中不脱节，有话可说。同时，辅导员也应熟练掌握网络道德规范，以身作则，引导学生树立积极正面的价值观。

加强对危机事件的应对和处理能力。分析近几年各高职院校的危机事件，可以看到，许多危机事件中，网络都在其中发挥着重要的作用。在很多危机事件中，网络都扮演着舆论放大器这样一个角色。

面对这种情况，首先应建立应急机制，力争将损失降到最低。应在危机事件发生后，积极面对，采取开放的姿态，及时公布事情真相及处理进度，将谣言的可信度降到最低。在事件处理过程中，定时将处理进展和最终处理结果及时公开，取得公众和学生的信任。

其次，要加强对网络舆情的研判和分析。在学生日常管理工作中，辅导员要加强对学生各种问题、诉求的收集和归纳。在此基础上，预判可能出现的问题，如新生入学报到时很大可能会遇到因火车、飞机晚点导致的晚上到校的住宿和报到问题，以及学生毕业时面临的就业、学位取得问题，这些都是可以通过收集汇总历年案例而提前判断的。通过及时处理和平时的分析汇总，完全可以将大部分危机事件化解在萌芽状态，从而对学生管理工作也是十分必要的。

加强培训和锻炼，提升辅导员个人能力。对于高职院校辅导员而言，职业认同感是十分重要的。因此，要加强对学生辅导员的重视程度，在业务培训和职称评审方面，应予以适当倾斜，给予他们工作的成就感，创造良好的环境使其愿意从事学生辅导员工作。同时，针对当前互联网已经成为人们沟通和交流的重要载体的实际情况，应加强对辅导员的网络应用能力培训。此外，针对网络上的各种突发情况，应进行专门培训，使得辅导员在应对网络舆情时，敢发声、会发声，能够及时地应对和解决网络上出现的各种问题。

在当今网络信息爆炸的时代，作为学生管理者，应该从实际出发，主动出击，积极应对，建设和完善网络宣传阵地，向学生宣传正面的、积极的信息，引导学生积极向上。同时，在日常管理中，以学生为本，多从学生的角度考虑问题，妥善处理学生的正当诉求。此外，高职院校还要加强对辅导员的培训和管理，使之成为学生的引路者。这才是在当今时代高职院校的学生管理工作的重点。

第三节　互联网时代下学生体育社团管理

作为我国新生代主要力量，高职院校在社会建设发展中扮演着越来越重要的角色，其价值观念的转变给传统高职院校学生体育社团的管理带来了一定挑战和机遇。谈及高职院校学生体育社团发展，互联网是一个绕不开的话题，本节给出了互联网背景下高职院校体育社团的管理策略。

目前，大学生已经逐渐成为我国新生代主要力量，随着经济建设与互联网的高速发展，带来了更为开放、更为多元化发展的社会文化。而随着90后、00后两代人的成长，其日新月异的价值观念、思考与行为方式都给我国高等教育质量的提升与不断转型升级提出了新形势下的新要求。高职院校学生体育社团的形成与发展、建设与管理也出现了比较多的新情况和新问题，而传统的高职院校学生体育社团的管理模式与管理策略已经不能很好适应当代大学生为我国高职院校学生体育社团管理所带来的挑战和机遇。鉴于此，高职院校学生体育社团亟待转换工作思路。

当今社会，互联网又是一个必须要去谈论的话题，尤其是在高职院校之中，在校学生正处于充分利用互联网又深受其影响的一种状态之中。作为高职院校学生社团中的中坚力量，一般意义下的封闭式训练已经不适合学生体育社团的不断提升与更好发展。充分利用互联网的包容性与开放性，把互联网与高职院校学生体育社团的各项学生紧密联结在一起，探寻更科学的管理模式与策略十分必要。

一、互联网时代背景下高职院校学生体育社团面临的困境

（一）活动开展局限

高职院校学生体育社团需要立足于各项体育活动，一般是在校体育教研部、校团委以及社团联合会的指导下开展各项学生体育活动，在社团

管理、社团经费以及活动开展等方面拥有一定的自主权利。但是学生体育社团要开展活动，受到时间、空间、经费以及人员等各个因素的综合制约。第一，学生体育社团的各项活动属于高职院校第二课堂范畴，大学生的第一要义是进行专业学习，在学有余力的情况下参与各项活动，但是目前学生的学习任务较重，参与第二课堂活动的时间相对被压缩；第二，高职院校学生体育社团进行活动的主要阵地——各个体育场馆首要保证的体育教学工作的正常开展，教学之余才会安排各项体育赛事活动、社会公众、学生社团使用，学生体育社团使用体育场馆的时间非常有限，且使用权常常得不到保障；第三，学生体育社团属于学生自筹社团，即使有指导单位以及指导老师，但是往往没有稳定的收入来源，活动经费得不到保障。

（二）社团成员招募面临压力

目前社会越来越现代化，随着互联网的普及，移动通信、电子商务等行业飞速发展，人们进行体育锻炼的时间随之不断减少，且有意锻炼与无意锻炼意识都在逐渐下降。比如，在移动通信没有普及之前，人们进行沟通需要面对面，就会无法避免地走路锻炼，而手机普及后不用见面就能沟通，自然导致锻炼机会减少。互联网时代背景下，高职院校学生参与体育活动的频率下降，体质健康状况也不如之前，学生普遍对参加体育活动的兴趣不高，学生体育社团对学生的吸引力不够，同时高职院校经过长时间发展，一般均有数十个甚至上百个各种类别、百花齐放的学生社团，因此在招募社团成员时，学生体育社团要面临较大的压力。

（三）学生体育社团面临被边缘化

"边缘化"这一概念是社会学中的说法，一般指的是被社会主流活动主流人群所排斥、不包容，意即非主流。学生体育社团面临被边缘化的主要原因就是高职院校体育存在被边缘化倾向。目前学校普遍还是应试教育体制，对体育重视程度有待进一步提升，同时高职院校学生的体质健康状况一直处于一种下降的趋势，还没有形成规律的锻炼习惯，体育意识较为淡薄,这是目前我国高职院校学生体育锻炼情况的现状,也是导致高职院校学生体育社团被边缘化的重要原因。同时由于高职院校学生体育社团属于第二课堂范畴,伴随着互联网的时代背景,各种碎片化的信息充斥在网络之中消磨着学生的时间,学生普遍沉迷于手机、计算机等智能设备,对社团的兴趣骤减,这也导致了高职院校学生体育社团进一步被边缘化。

二、互联网时代背景下高职院校学生体育社团的机遇

目前很多的高职院校学生对于体育运动还是有很高的兴趣,但是困苦于不得其法,难以掌握正确的体育运动入门方法,又特别害怕不恰当的运动锻炼方式会对自己的身体造成不可逆转的损伤,所以有时会向网络求助。但是因为互联网本身具有的开放、包容、共享的特性,使得他们在从互联网上得到一些有借鉴意义信息的同时,也难免受到一些不正确信息的影响,而解决这些不正确信息影响所引起的问题就是高职院校学生体育社团应该肩负起的责任。高职院校学生体育社团作为拥有众多体育资源的学生组织,很好地借助互联网资源能够实现这些资源最大程度上的整合与利用,同时实现将这些资源服务于高职院校师生以及社会,在此过程之中实现学生社团的传统特性与现代特性的有机结合,使得学生体育社团的组织架构更加适合当代大学生的生活,让其成为一个文化育人、活动育人的主要阵地。

三、互联网的应用对于高职院校学生体育社团管理的作用

(一)促进高职院校学生体育社团与社团之间的交流与联系

在互联网广泛普及以及高度使用的今天,高职院校各个社团之间可以借助互联网来建设并完善之间的交流,在不断的沟通与摸索之下在校园内建立起一个便于各个社团交流的网络信息平台,其一促进自身进一步发展;其二有利于高职院校内部各个社团之间进行交流讨论,提高工作效率,完善自身工作模式。

（二）促进各高职院校之间学生体育社团的沟通联络

现代网络信息技术普及，使得校与校之间的交流沟通不再如之前烦琐，各个高职院校通过借助互联网可以轻松实现沟通讨论，以及共同发起组织学生活动。就学生体育社团这个方面来看，2015年所举行的"解放日报"杯上海高职院校学生网球赛暨锦标赛，就是由上海市市教委、解放日报、上海市体育局和复旦大学、上海交通大学、同济大学以及上海财经大学等30余所上海市参赛高职院校之间依托网络沟通所举办的贯穿整个年度的大型赛事，各个参赛高职院校之间借助互联网展开频繁的交流互动，借此增加了各个高职院校学生体育社团的活动内容，丰富了高职院校学生的体育文化生活，从而大大推进了学校学生体育社团的建设工作，提高了学生体育社团在高职院校校园内的影响力和知名度。

（三）进一步加强高职院校学生体育社团与社会之间的联系

新时期下，高职院校学生体育社团的职责不仅在于提高学生的体育活动能力以及体育专业水平，更需要引领更多的学生投身到体育活动中来，不断丰富学生的实践经历，通过加强使用互联网信息技术，可以把高职院校学生体育社团放在开放、自由的社会大环境之下以及保守又严谨的校园文化氛围之中，进一步拉近学生社团与社会两者之间的距离，为学生创造更多的社会实践的机会，从而在不断增强高职院校学生社团与社会之间联系的同时进一步彰显学生社团的价值与意义所在。

四、"互联网+"高职院校学生体育社团构建设想

根据目前各个高职院校所采用的常规的"体育教研部、学校其他职能机关处室——校团委——学生社团联合会——学生体育社团"的基本工作与管理模式，在整个高职院校学生体育社团运营的过程之中，充分融入互联网的因素，结合目前学生社团现状，以学校官网、APP、微博、微信、QQ等为平台载体，计划开发一个集个体管理、交流互动、资源共享、活动宣传与报名等多种服务为一体的综合型互联网服务平台。平台设计拟

加强移动端的使用，符合新时期下人们对互联网的使用习惯，增强用户黏性。各个模块具体如下：

（一）综合管理模块

由最高管理员进行全局统筹与管理，是"互联网+"学生体育社团的最高权限者以及核心。

（二）成员管理模块

能够以高职院校各个学生体育社团作为单位，实现每个单位的成员注册、录用以及批量管理。这些工作从线下转移到线上之后，能够较好地避免时间以及空间上形成的局限，每位社团成员都可以很方便地使用移动端进行线上操作，与此同时，每个社团的指导单位、指导老师以及学生社团负责人也可以随时随地查看管理成员，极大提高了工作效率。

（三）活动发布与管理模块

高职院校学生社团的最主要依托就是各项学生体育活动，因此在本信息平台上可以实现活动发起、活动报名、报名成员审核、活动通知与宣传等功能，成员可以线上完成各项体育活动报名与签到，记录运动时长，以此核校第二课堂成绩。

（四）场地信息模块

运动场地也是高职院校学生体育社团进行活动的重要保障。通过这一模块能够实现学校体育场馆的实时查询，查看各类场馆的数量以及预定情况，并且能够在线进行场馆预约使用。

（五）互动平台

各个学生体育社团可以在互动平台上建立自己的组织，实现社团成员之间的交流互动，同时社团与社团之间、社团与社会赞助方和指导单位等组织机构也能依据此平台展开深度的交流讨论。

五、互联网背景下高职院校学生体育社团管理策略

（一）加强平台技术保障，加强专业技术人员培训

互联网时代，越来越多的工作将依托各个高职院校所搭建的"互联网+"学生体育社团信息平台展开，因此首先需要做好的是维护好信息平台，这意味着平台的正常运行既需要学校相关专职教师、学生社团负责人等主体力量，也离不开保障平台信息安全的专业技术人员，学校需要定期加强对各类运维人员的培训，确保整个平台规范运行，为学校进一步推进体育事业增添力量。

（二）构建社团管理新思维，探索新模式

互联网时代网络化和新媒体技术对新生代的大学生产生了广泛以及深远的影响，促使高职院校学生体育社团也随之发生了巨大变化。高职院校学生体育社团的运营在一定程度上可以突破时间、地域以及空间范围的限制。因此新时期下要实现学生社团的高效运维，就要去主动打破各种限制，深入体察新时代高职院校学生特征，体察新生代需求，积极拓展网络新渠道，借助新媒体设备，从社团建设与社团管理上，从社团制度与社团文化上，从传播内容与传播形式上等各方面做好内容的整合与创新，努力做好将线上与线下的资源、课堂外与课堂内知识、传统媒体与新兴媒体的有机结合。因此高职院校学生体育社团要主动占据有利的形势，牢牢把握住使用新媒体以及互联网进行体育教育的主动权，可以充分利用互联网的信息与资源，积极开辟第二课堂，带领高职院校学生通过专业体育训练、体育活动，将新生一代高职院校学生通过体育锻炼强健体魄与投身伟大复兴中国梦的生动实践相结合。

（三）正确处理传统事物以及新生事物之间的关系

"互联网+"体育社团作为新时期下的新产物，对传统的高职院校学生体育社团开展活动的形式及内容造成了巨大冲击，因此如何利用好互联网这把双刃剑，使得互联网为体育社团的健康有序发展做出贡献，处

理好传统与新生事物两者之间的关系,是需要各个高职院校亟待思考解决的问题。

(四)做好制度把控,进一步完善监控机制

没有规矩不以成方圆,高职院校要开展好学生体育社团的各项学生工作,就必须在完善的制度约束保障之下,促使其有序展开。因此各个高职院校在进行学生体育社团管理时,要有针对性,结合互联网时代背景做好各项制度的修改与完善工作,保证互联网时代背景下的高职院校学生体育社团顺利运行。

第四节　互联网时代下学生就业教育与管理

在高职院校教学改革的过程之中，学生就业竞争力的提升备受关注，许多学校开始重新调整学生就业教育方向，不断实现再就业教育管理内容及形式的革新，采取恰当可行的教育和管理手段，来为学生的就业以及成长营造良好的空间和外部环境。在"互联网+"环境下，高职院校学生再就业环境产生了极大的变化，老师需要站在学生的角度给予学生针对性的引导，只有这样才能够保证学生在完成学业之后顺利走向不同的工作岗位。

一、高职院校学生就业教育与管理工作现状

为了顺利实现教育教学目标，提高人才培养质量，保障学生顺利就业，许多学校坚持以人为本的教学理念，着眼于高质量就业的发展需求，改革教育教学管理模式。但部分高职院校的教学实力比较有限，教育管理工作不容乐观，大部分的工作内容和形式相对传统和片面，存在许多难以避免的弊端，严重制约了学生的个性化成长及学校改革。就业蓝皮书公布 2018 年毕业生就业率为 91.5%，2019 年为 91.9%，尽管这一数字有所提升，但学生数量增长较快，相对来说就业率呈下降趋势。

课程结构和内容不合理。高职院校学生就业教育管理工作是一个系统性工程，属于学校教育教学管理体系中的基础性环节，对学生的个性化成长以及社会意义重大。有一部分学校结合就业指导课程设置的实际情况，将该课程纳入公共必修课之中，课程的学时和学分设置比较简单，且主要以二年级和三年级为主。另外本科类院校和专科类院校的学科设置差异较大，如本科院校的新闻传播专业设置了新闻摄影这一基础必修课，但很多专科院校没有开设，学生的专业竞争力难以得到有效的提升。

有一部分学校没有着眼于目前的就业形势,将就业课与政策课相联系,学生对自身职业规划认知比较模糊。学术界和理论界在对目前高职院校学生的就业教育与管理工作进行分析后提出,高职院校在课程安排上存在较大区别,大部分主要以理论教学为主,参与就业实践的机会偏少,这一课程只能够流于形式,难以发挥相应的作用及价值。从微观角度来看,这种教条式的教育教学形式以及统一的教学方式导致学生只能够实现通识学习,无法提高个人的就业竞争实力,难以真正实现个人的良性成长和发展。

师资力量有限。老师的教学能力、教学方向及所采取的教学方式会直接影响学生参与的积极性以及就业教育管理工作的质量和水平,与其他专业课程相比,学生的就业教育管理工作同样复杂,对老师的要求较高。大部分高职院校过于注重专业技术知识的学习,无视学生就业教育管理工作的大力落实,极少有该课程的老师具备专业知识,同时知识系统更新非常缓慢,难以给予学生更多恰当的引导,实质性的教育教学质量和水平呈现不断下降的趋势。另外有一部分学校不重视就业教育管理工作的革新,忽略了对该课程老师的提升及培养,将主要精力和时间放在专业课程的教授上,要求专业课程老师进行自我提升。对就业教育管理工作来说,大部分老师的专业知识存在极为明显的局限性,无法满足该教育教学板块的教学要求,教学质量和教学效果难以得到保障。不可否认,就业知识与社会发展存在极为紧密的联系,只有结合社会发展需求以及经济发展趋势来调整后期的教育教学方向,才能体现这一学科教育的时代价值以及实践要求。但有些老师对这一学科教学的理解和认知比较浅显,无法结合信息化发展的实质要求不断更新知识体系,使得这些老师对专业知识的理解和认知非常片面,难以真正地实现长期创新,学生获得的学习及提升机会较少。师资力量的有限性还体现在青年教师在整体教师队伍之中所占的比重偏低,现有的教师队伍年龄较高,对新鲜事物以及现代化教学手段的理解和认知较为浅显,难以针对性地调整自身的教育教学策略及方向，无法主动将多元化的创造性教学策略融入教学改革以及就业指导工作之中。一些年龄较大的老师过于关注学生应试能力的培养，忽略了就业指导工作的大力践行及创新，对新时代背景之下的就业趋势以及发展方向的理解和认知较少，故难以在引导学生、鼓励学生的过程中保障就业指导工作的针对性和有效性，学生所获得的辅导较为传统，因此实质的就业工作停滞不前，严重影响了学生的顺利就业以及全面成长与发展。另外，有的青年教师的教学经验不足，没有意识到就业辅导工作的重要价值及作用，忽略了后期的自我学习以及不断积累。

辅导员专业技能有待提高。高职院校教学工作是一个系统性工作，对老师和学生都是一个较大挑战，辅导员扮演着重要的角色。辅导员与学生之间的联系和交流非常频繁，是学生的就业指导老师。在对目前的高职院校学生就业教育与管理工作进行分析时可以看出，辅导员在心理疏导、就业服务以及就业指导过程中发挥着关键作用，但辅导员自身的就业指导和服务水平不高，质量层次参差不齐，其在忙于日常的烦琐事务中，很难静下来潜心研究自己的专业，且其获取信息的沟通渠道非常狭窄，提升、进修、培训机会很少，难以与学生实现情感上的交流和互动，严重影响了学生的个性化成长和发展。在新的时代背景之下，高职院校辅导员的工作内容和形式产生了一定的变化，有的辅导员自身工作经验较少，对工作内容以及工作权限的理解和认知较为片面，工作中没有结合学生成长和发展的实际要求，因此难以根据高职院校人才培养目标的现实条件而调整自身的教育方向以及辅导策略，实际工作能力和工作水平难以得到有效的提升，导致一部分管理资源浪费。学术界在对辅导员的工作内容及形式进行分析时明确提出，辅导员是高职院校教育教学以及管理工作的重要辅助，辅导员的工作能力以及专业技能水平会直接影响学生管理工作的开展效率及水平，大部分辅导员能够意识到自身工作的重要性，但对于一些青年辅导员来说，还没有领会核心要求，直接以简单的师生联系和互动为依据，无视与学生之间情感的交流，忽略了对学生真实需求的分析以及研究，最终导致自身所提供的管理模式及帮助不符合学生个性化成长和发展要求，无法真正体现自身的价值以及作用。另外有些辅导员忽略了后期的提升以及学习，自身的专业技能不符合高校教学的要求，最终导致专业技能水平停滞不前。

二、高职院校学生就业教育与管理工作策略

为了避免发生上文中所提到的问题，在"互联网+"环境之下，我国高职院校要结合时代发展现实趋势，针对性地调整学生就业教育与管理的工作方向和策略，将理论分析与实践研究融为一体，结合目前所出现的问题提出相应的解决对策，以此更好地体现这一工作时代价值，促进学生的顺利就业，保障学生能够为社会的发展做出自身相应的贡献。

调整课程设置。为了顺利实现前期的教育教学目标，保障学生高质量就业，老师必须引导学生进行自主实践，鼓励学生深入社会了解就业的严峻形势，以此来对个人的就业实力有一个客观的认知。其中课程设置的不断调整以及优化升级对学校提出了一定的要求，学校需要加大对这一课程的支持力度，注重教学实践活动的顺利开展，适当增加教学实践课时，以就业心理指导为依据，保障学生既能够掌握专业知识，顺利就业，又能够帮助学生树立正确的就业观以及人生观。其中理论教学是前提，老师可以坚持这一重要的教学方向，保障学生对理论知识有一个客观的认知；其次，在引导和鼓励学生的过程中给予学生意向岗位实习以及体验的相关机会，让学生在自主实践的过程中提高个人的就业竞争能力。互联网环境下的学校就业教育和管理环境比较复杂，为了突破时间和空间的限制，学校可以购买就业网络课程，将课程的选择权交给学生，让学生自主学习和选择，积极融入更多的心理学课程，加强学生的心理辅导和心理疏导，保障学生做好充分的就业准备，尽量避免学生出现消极应对的情绪以及负面心理，从而在自主就业和择业过程中实现个性化的成长和发展。

提升教师队伍水平。教师是整个教育教学实践活动的重要引导者以及

组织者，为了保障课堂教学效率，实现学生的良性成长，学校需要结合目前的教育教学环境，给予教师更多自我提升及学习深造机会，了解教师在教学实践过程中所遇到的困难，给予教师更多的辅导以及帮助，保障教师在不断地学习以及教学改革中实现个人教学能力及水平的综合提升。其中，教学模式的改革必须紧跟互联网发展趋势，积极更新教学内容，通过对信息渠道、学生特质、生源结构以及教学技术的分析来掌握就业指导的核心要求。教师也需要站在宏观的角度树立终身学习的理念，不断提升个人的就业指导能力以及水平，采取创造性的教育教学策略给予学生更多的自由发挥空间，实现学生的良性成长。需提醒的是，教师队伍水平的提升所涉及的内容及形式相对复杂，是一个长期的过程，因此学校除了需要投入更多的时间和精力之外，还应加强与社会各界之间的联系，寻求其他组织的帮助和支持，将更多符合时代发展要求的新鲜血液融入现有的教师队伍。另外，学校还需注重老中青在教师队伍的合理比重，适当调整教师梯队，注重青年教师的职业发展规划与引导，提升青年教师的教学能力，主动解决教师的后顾之忧，使其将主要精力放在教育教学改革上，促进专业课程的教学改革，给予学生更多自由发挥的空间和机会，保证学生在自主学习过程中源源不断地收获及成长。

  实行二元指导模式。专业课老师和辅导员都是学生就业教学管理过程中的重要指导者以及引路人，为了体现就业指导与服务的综合性及全面性，学校可以积极构建以专业课老师和辅导员为主的二元指导模式，培养学生的多方面能力，充分体现高职院校就业教育与管理工作的指导作用和价值，培养学生良好的学习行为习惯以及自主就业能力。在信息时代背景之下，学生信息接收的渠道越来越多元，信息更新换代的速度非常快。为了开阔学生的视野，实现学生的全面成长和发展，学校需全方位做好学生的管理工作，鼓励学生站在宏观的角度分析行业发展态势，真正实现自我认知能力和水平的稳定提升，只有这样才能在激烈的社会竞争中找到自己的就业方向，实现顺利就业。学术界对二元制指导模式进行分析和研究时明确提出,这种创造性的指导模式能够在吸引学生注意力的同时充分挖掘学生的学习潜能,促进学生顺利就业,可帮助老师摆脱传统管理工作模式的束缚和负面影响。老师需要注重不同指导方式以及环节之间的内在逻辑联系,重视与学生的情感交流及互动,着眼于学生的主观能动性以及个性化成长和发展需要,及时调整教学思路和方向,让学生能够在与老师进行互动和沟通的过程之中学会自我教育和自我成长,主动规划个人的就业方向,积极接受辅导员以及老师的管理和指导,以顺利就业,提高个人的竞争力。

作为高职院校教育教学管理的重要组成部分,学生的就业教育与管理工作备受关注,这一工作的内容及形式比较复杂,老师除了需要站在学生的角度思考和分析问题之外,还需要了解"互联网+"环境之下就业的具体现状,分析高职院校学生的就业竞争力以及就业环境,以此来实现后期教育与管理工作内容和形式的优化调整。结合相关实践调查不难发现,目前高职院校学生的就业现状不容乐观,出现了许多的困难和障碍,学生的就业竞争力不足,实质的就业率呈现不断下降的趋势,这一点在"互联网+"环境之下呈现得非常明显。

第五节　互联网时代下高职院校学生宿舍管理

随着我国教育由精英教育向大众教育的转变，高职院校学生数量不断增多，对高职院校学生宿舍管理也提出了更高要求。"互联网+"时代背景下，高职院校学生宿舍管理也开始由传统的管理模式向系统化、自动化、信息化管理模式转变，可以说互联网的应用大大地提高了高职院校学生宿舍管理效率。本节就"互联网+"下高职院校学生宿舍管理系统做了相关研究。

学生宿舍管理系统是高职院校管理系统的重要组成部分，学生宿舍管理工作的好坏不仅关系到学生的人身安全，更关系到学校教育活动的开展。长期以来，学生宿舍管理主要靠人工方式，这种方式效率比较低，尤其是在高职院校学生与日俱增的背景下，传统的宿舍管理体系已经无法满足实际需要。随着"互联网+"时代的到来，智慧校园逐渐成为现实，为高职院校学生宿舍管理带来了巨大机遇。"互联网+"时代背景下，高职院校可以借助计算机技术，构建完善的学生宿舍管理系统，从而实现学生宿舍智能化管理。

一、高职院校学生宿舍管理的重要性分析

高职院校学生宿舍管理是高职院校管理工作的一部分，宿舍管理工作不仅关乎着学生的发展，更关系到学校的发展。众所周知，宿舍不仅是学生休息的地方，更是学生学习、生活、娱乐的重要场所，宿舍安全、卫生等问题直接影响到了学生的身心健康发展，学校必须高度重视学生宿舍管理工作。首先，高职院校学习比较自由，学生可以自由支配自己的时间，这也造成许多学生会被校外多姿多彩的生活给迷惑，进而出现夜不归宿的现象，而加强学生宿舍管理，可以避免这类现象的发生，让

学生养成良好的作息习惯。其次，许多高职院校学生会违背学校规定，私用违禁电器，由于电器数量的增多，会增加宿舍电力供应系统负荷，进而出现短路、电火灾等情况，而加强学生宿舍管理，可以有效避免违规电器的使用，保障宿舍电力系统供应稳定、安全，保障学生人身安全。另外，高职院校学生每天出入宿舍的次数非常多，再加上其他同学的来往，必然会给宿舍卫生工作带来一定的挑战，加强学生宿舍管理，可以更好地规范每一位学生的行为举止，使其爱护好宿舍，共同维护宿舍环境，进而营造一个健康、卫生、安全的宿舍环境。

二、"互联网+"下高职院校学生宿舍管理系统分析

高职院校学生宿舍管理涉及学生学习、生活、安全、卫生等多个层面，传统管理系统下，学生宿舍管理工作需要投入大量的人力和物力，所取得的效果也不尽如人意。"互联网+"时代背景下，信息化管理手段开始走进校园，为智能校园的构建提供了技术支持。以信息化技术为载体，可以构建统一、完善的宿舍管理系统，对学生宿舍进行智能化管理，更好地服务学生。

学生宿舍信息管理系统。高职院校学生数量比较多，一栋宿舍会住上几百号人，甚至上千号人，且这些学生是来自不同的院系、专业，这也给学生宿舍管理增加了一定的困扰。借助计算机信息技术，学校可以构建学生宿舍信息管理系统，包括宿舍分布总览、学院分布、学历分布、年纪分布、班级分布、床位统计、房间统计、入住人员统计和查询、新生入学安排、毕业离校宿舍的管理、假期留宿等。基于信息化管理系统，只需要在系统窗口输入关键词，就可以查找到相应的信息，从而方便安排宿舍和管理。

学生宿舍检查系统。高职院校学生宿舍的标配有床、椅子、风扇、饮水机、衣柜、书桌等，这些都是学校的财产，需要定期检查。以往，学校在检查这些物件时都是靠人工完成，而且是在学生离校后或没有人时才进行检查，在这种情况下，会出现物件损坏而找不到负责人。"互联网

+"下，学校可以构建学生宿舍检查系统，定期对学生宿舍设备、设施进行检查，由检查人员将相关项目记录到信息系统中，实时登记和跟踪。

学生宿舍报修系统。高职院校学生宿舍里的设施、设备随着时间的推移和使用次数的增多，会出现性能退化、功能下降等问题，此时需要对这些设施、设备进行维修和更换。"互联网+"下，学校可以构建报修系统，通过网络渠道实现需维修系统的录入、查询和统计。如当床出现零件脱落时，学生可以直接登录宿舍报修系统，将宿舍内设施损坏情况以及宿舍楼号录入系统，报修人员可直接按照报修系统的信息进行报修。同样，学校可在报修系统中留下维修人员的联系方式、报修项目等相关信息，以便学生及时与维修人员沟通。

学生宿舍安全管理系统。在高职院校学生宿舍管理中，安全管理是一项重要的工作，因为学生宿舍中存在诸多安全隐患，如学生违规使用电器，电器的使用会增加电路负荷，进而引发短路，严重的还会引起电火灾，一旦发生火灾，就会造成无法估量的损伤。"互联网+"下，学校可以利用计算机技术，构建完善的学生宿舍安全信息管理系统，对宿舍安全进行自动化控制。当宿舍存在安全隐患时，自动化系统可以发出警报，从而引起人的注意，避免安全事故的发生。同时，在安全管理系统中，引入继电保护装置，在发生短路时可以二次保护电路，保障宿舍供电正常。另外，借助计算机信息化技术，可以在学生宿舍中构建门禁系统可监控系统，对所有进出宿舍的人给予一个身份，输入相应的身份就可以进出；对所有进出宿舍的人员进行监控，避免可疑人员进入宿舍。

学生宿舍卫生管理系统。卫生管理是高职院校学生宿舍管理的重中之重，如果卫生管理不到位，就很可能引发各种疾病，威胁到学生的生命健康。宿舍是一个群居地，学生宿舍卫生不仅包括学生宿舍内的卫生，还包括宿舍楼道、楼梯等卫生，学生每天都会产生许多垃圾，有的学生会随手丢垃圾，从而使得宿舍卫生不堪入目。一个卫生、健康的宿舍，可以让学生保持心情舒畅，安心学习和休息。学校可以借助计算机信息化技术，构建统一的学生宿舍卫生管理系统。在该系统里，可以对宿舍卫生进行综合评比，对宿舍卫生进行评分，当宿舍评分没有达标系统标准分时，意味着宿舍卫生不过关，从而促使居住在该宿舍的人进行卫生整顿。同时，借助计算机信息技术，可以对宿舍进行全面的监控，在监控系统下，可以更好地规范学生的行为，保持宿舍卫生。

学生宿舍缴费管理系统。我国高职院校学生需要支付一定的住宿费，且学生在住宿期间产生的水、电等费用需要学生自己承担。以往，学生需要自己排队去缴水电费，一旦学生宿舍欠费，就会出现停水、停电，影响到学生日常生活。"互联网+"环境下，信息化管理系统逐渐走进校园，为学生宿舍缴费管理提供了巨大便利。学校可以借助计算机技术，构建水电系统、住宿系统，水电系统主要计算每个寝室的水电费，住宿系统主要计算每个学生的住宿费。以计算机技术为载体，学生只需要登录相应的信息系统，就可以完成相应的操作。另外，当学生的账户余额不足时，管理中心可以向学生推动信息服务，警醒学生及时缴费，从而减少不必要的麻烦。

学生宿舍服务管理系统。宿舍不仅仅是学生居住的地方，同时也是他们学习的地方。然而，许多高职院校宿舍只有居住功能，没有学习功能。对于学生而言，他们的日常需求会不断增加，而要想让其安心学习，学校应尽可能地服务学生，解决学生所面临的问题。随着互联网的普及，互联网的优越性逐渐显现出来，已成为当代大学生日常生活不可或缺的一部分，学校要认识到互联网的作用，善于利用互联网来完善学生宿舍管理系统。高职院校可以借助计算机信息化技术，拓展宿舍服务功能，将宿舍管理与图书管理、学籍管理、学生事务管理、学校保卫系统、膳食管理、医保、组织人事管理以及后勤报修等整合，形成统一的信息化服务中心，从而更好地满足学生的需求。同时，学校还可以在宿舍管理系统中开设二十四小时服务窗口，为学生提供相关服务。

学生宿舍奖惩管理系统。学生宿舍管理不仅仅是学校的责任，同时也需要学生的积极配合，为了调动学生积极参与到宿舍管理工作中来，学校有必要建立起合理的奖惩管理系统。奖励管理主要记录学生的获奖情况，并把获奖情况添加到学生的个人信息库中，如学生做了好人好事、宿舍卫生先进者奖励等；惩罚管理主要记录学生的违纪情况，如夜不归宿、破坏宿舍财产、打架斗殴等。通过计算机技术，教师可以建立起相应的管理系统，有针对性地对学生宿舍进行管理。

学生宿舍反馈系统。学生宿舍反馈系统主要将学生在宿舍的表现以及宿舍情况及时反馈给学校宿舍管理人员、系部相应老师，以便他们及时了解学生的情况，有针对性地解决问题。一方面，借助信息技术，开通校园网站，通过微博、微信等网络媒体，及时收集学生对宿舍工作的意见和建议，进而方便管理者制定科学的突发事件应对策略；另一方面，开设信件箱，鼓励学生纷纷举荐和举报宿舍内的情况，方便管理者全面了解宿舍具体情况，进而有针对性地进行管理。

综上，"互联网+"时代背景下，互联网与高职院校教育管理的融合已成为必然趋势，在这种趋势下，学校要积极推进数字化、智能化、信息化建设，借助计算机网络技术来推进学校管理工作的开展。学生宿舍管理作为一项重要的工作，基于"互联网+"发展形势，高职院校要积极构建健全的学生宿舍信息管理系统，宿舍管理系统要涉及学生的方方面面，从而更好地服务学生，提高宿舍管理水平。

第六节　互联网时代下学生党员的教育管理

开创高职院校学生党员教育管理工作的新局面，不仅是高职院校立德树人的内在要求，也是高职院校思想政治教育工作的重要内容。在"互联网+"广泛应用的背景下，如何做好高职院校学生党员的教育管理工作成为党建工作的重心。本节将从"互联网+"背景下高职院校学生党员管理面临的挑战出发，分析当前高职院校学生党员教育管理工作中存在的问题，最后提出"互联网+"下高职院校学生党员教育管理的创新途径，旨在开创学生党建工作的新局面。

高职院校青年大学生是一个特殊的群体，是高职院校培养的具有专业知识的高级人才，是民族的希望和国家的未来。在大学生群体中有一批优秀的党员学生，渴望在学习求知中成才，并且为社会发展做出贡献。但是在"互联网+"的背景下，各种信息资源得以快速传播，加上学生党员的年龄小、社会阅历浅等问题，他们很容易受到各种不良信息的误导，从而导致部分学生党员的政治立场和思想信念产生了动摇，个别人甚至出现了价值扭曲。因此，在"互联网+"背景下做好学生党员的教育管理工作，对于增强高职院校思想政治教育的时效性和培养学生党员的模范带头作用具有重要的现实意义。

一、"互联网+"背景下学生党员教育管理面临的挑战

互联网的开放性冲击着高职院校学生党员的价值观念。在"互联网+"的大背景下，高职院校学生党员的教育与管理面临着极大的挑战。互联网为青年学生党员的教育与管理提供便利的同时也为各种不良信息的传播打开了大门，青年学生党员通过网络获取学习资料的同时难免接触到一些不良的信息，甚至一些不法分子利用网络传播反动思想，对党、

国家进行恶意诋毁，影响了青年学生的价值观。青年学生的价值观念正处于形成阶段，政治经验尚浅，容易受到外部思想的蒙蔽，在大量不良网络信息的冲击下，高职院校青年学生党员的价值塑造面临着巨大挑战，所以高职院校必须加强对青年学生价值观念的引导与教育，帮助其坚定政治立场。

网络技术发展倒逼高职院校党建工作的创新。创新是高职院校学生党建工作永恒不变的主题，"互联网+"为高职院校学生党建工作提供了创新的载体。当前很多高职院校都开设了党员自爱学习平台和红色宣传网站，取得了不错的成效。在"互联网+"的背景下，教育者对于互联网技术的掌握和运用程度决定了学生党员教育的成效。受年龄和知识结构的限制，不少党务工作者的信息技术水平还是停留在简单的电脑办公上，对于通过"互联网+"开展学生党建工作还显得能力不足。大学生是新媒体的庞大用户，这就对高职院校党务工作者的业务水平提出了更高的要求，迫使教育工作者转变教育理念，不断更新个人知识结构和掌握新媒体技术，从而通过新媒体就学生党员关心的问题进行专项教育活动，从而让党建活动更加"接地气"。

二、当前高职院校学生党员教育管理工作存在的问题

学生党员教育缺乏创新，形式比较单一。我国高职院校目前对学生党员的教育主要为理论结合实践的形式。一方面，理论学习主要以学习文件精神、听讲座报告、座谈讨论等为主，理论剖析流于表面，过于浅白，缺乏针对性的深入指导，缺乏吸引力；另一方面，党建教育工作者不能充分考虑当代青年学生党员的年龄、思想、心理特征及实际需求，青年学生党员很难深刻领悟理论教学的重要意义，多处于被动学习和应付学习的状态，学习积极性普遍不高，教育效果很难有实质性进展。高职院校学生党员教育过程中的社会实践相对于理论学习尽管形式多样，内容也相对丰富，对青年学生党员具有提升综合素质的优势，但在党建工作社会实践过程中，往往由于学生党员能力的差异导致其无法结合自身特

点来很好地发挥优势，综合能力不能得到实质性的提升。

毕业生党员教育不到位，责任分工不明确。高职院校青年学生在大四阶段的主要任务是论文与实习，多数时间都在校外，不能及时接受党员学习教育，而且更容易忽略理论学习和党组活动，导致处于毕业阶段的学生党员意识有所下降，高职院校毕业生党员教育管理工作的开展困难重重。当前高职院校青年学生党建教育的主要实施主体是辅导员和院系的党总支书记，负责青年学生学习生活、就业指导、心理引导等日常事务量巨大的辅导员并非专职党建工作者，繁杂的日常工作占用了大量的精力，难以保证青年学生党员的教育质量。负责各项事务的书记也没有更多的时间和精力为学生党员开展足够的理论教育，由此形成了"闲时都重要，忙时全不要"的无责任主体的格局，导致处于毕业阶段的青年学生党员教育严重缺失。

三、"互联网+"下高职院校学生党员教育管理的创新途径

转变高职院校党建工作思想，加强高职院校党建工作线上线下的整合。习近平总书记曾提出，党建工作的开展应充分发挥互联网的积极作用。在"互联网+"的时代背景下，高职院校党建工作者在工作过程中要转变工作观念，践行"互联网+"的思维，整合线上、线下资源，以建立优势互补的互联网党建工作模式。利用微信、微博等网络平台为高职院校青年学生党员开展"在线论坛"，同时结合线下社会实践，积极探索与拓展高职院校党建工作线上与线下整合机制，积极发挥学生党员与党建工作者的模范表率作用，将线下教学与线上课堂相互融合、党建工作者与专业课教师紧密结合，充分拓展高职院校党建工作的创新模式，更好地对高职院校青年学生党员进行教育与管理。

建立高职院校青年学生党员教育平台，充分利用互联网开展学生党员的教育工作。在互联网高速发展的时代背景下，高职院校青年学生开放的思想观念更易于接受新潮的交流方式。高职院校党建工作的主要对象是当代青年学生，思维观念受网络的影响较深，基于此，高职院校在对

青年学生党员进行教育工作的过程中可以充分利用互联网载体开展党建工作，建立论坛、微信平台、QQ群等以加强青年学生党员与教师党员之间的互动，有利于提高党员教育工作的时效性。建立校内党建网站，及时更新与党建相关的学习内容，为青年学生提供高质量的学习资源，从正面激励青年学生党员，提升高职院校青年学生党员教育工作的活力，为青年学生党员创造先进、生动、活跃的学习氛围。

"互联网+"下高职院校学生党员教育管理工作是对传统党员教育管理工作的有效延伸与拓展。高职院校党建教育工作的开展离不开党组织的正确领导，更离不开教育思路的革新与方法的创新。互联网引入高职院校学生党员和教育管理工作的过程中面临着巨大的挑战，但实际上只是教育的外在表现形式和载体，并不能直接决定高职院校青年学生党员教育管理工作的效果和质量。

参考文献

[1] 崔人元. 以学生为中心加强高校学生工作 [J]. 安阳工学院学报, 2021, 20(5): 111-113.

[2] 徐娜. 新形势下提升高校学生工作质量的思考与探索 [J]. 智库时代, 2021, (19): 59-61.

[3] 孙楚航, 许克松. 重大疫情防控工作中大学生思想政治教育功能与实践路向 [J]. 思想理论教育, 2020(03): 97-101.

[4] 李小玲, 王建新. 重大疫情防控工作中大学生思想政治教育面临的挑战与应对 [J]. 思想理论教育, 2020(04): 98-102.

[5] 张继明, 冯永刚. 高等教育有效治理的系统化原则及其实践——基于顶层设计与法治问责的视角 [J]. 江苏高教, 2020(05): 70-76.

[6] 贺军科. 如何做好新时代青年工作 [J]. 中国共青团, 2020(11): 2-5.

[7] 曹杰. 新时代大学生网络思想政治教育议程设置创新研究 [J]. 思想理论教育导刊, 2020(06): 151-154.

[8] 左殿升, 刘伟, 张莉. 新时代高校辅导员专业化建设三维透视 [J]. 思想政治教育研究, 2019, 35(03): 149-153.

[9] 陈志勇. 网络空间治理背景下的高校网络思想政治教育应对 [J]. 思想教育研究, 2018(12): 110-114.

[10] 黄侨彬, 刘桂昌. 高校学生工作内卷化研究 [J]. 合肥学院学报(综合版), 2019, 36(1): 31-37.

[11] 陆庆龄, 王卫卿. "互联网+"环境下高校学生工作信息传播的有效性 [J]. 新管理, 2016(5): 110-111.

[12] 吴松利. 疫情期间高校学生思想政治工作探索 [J]. 思想教育,

2020(6):82-83.

[13] 唐立坤.浅析"互联网"环境下高校学生工作信息传播的有效性[J].亚太教育,2015(26):297.

[14] 罗建晖,阎芳,刘佳.利用网络微媒体开展大学生思想疏导工作的路径探析[J].北京教育(德育),2015(3):38-40.

[15] 杨智.高校学生工作精细化管理研究[J].哈尔滨职业技术学院学报,2018(03):83-85.

[16] 陈钰怡.高等学校财务核算流程创新探讨——以中山大学为例[J].教育财会研究,2018,29(02):34-38,45.

[17] 焦美莲.精细化管理理念在高校学生管理中的应用[J].文化创新比较研究,2018(04):148-149.

[18] 张志.高校辅导员日常工作精细化管理模式的构建[J].课程教育研究,2019(23):214-215.

[19] 侯春晓.精细化管理模式在大学生宿舍管理中的应用分析[J].智库时代,2019,184(16):262-264.

[20] 张艺,陈晓.大学生创新性实验项目管理模式探究——以湖南工程学院为例[J].创新与创业教育,2018,9(05):81-84.

[21] 顾东辉.社会工作概论[M].上海:上海译文出版社,2005.277.

[22] 王思斌.社会工作概论[M](第二版)[M].北京:高等教育出版社,2006.

[23] 张建栋.高等学校学生管理法治化研究[D].上海:华东政法大学,2013.